我们一起解决问题

企业财税实务"书+课"系列图书

企业费用管控与税务处理

（视频讲解版）

主编 侯立新 李洁

人民邮电出版社
北京

图书在版编目（CIP）数据

企业费用管控与税务处理：视频讲解版 / 侯立新，李洁主编. -- 北京：人民邮电出版社，2022.7
（企业财税实务"书+课"系列图书）
ISBN 978-7-115-59204-0

Ⅰ. ①企… Ⅱ. ①侯… ②李… Ⅲ. ①企业管理－成本管理②企业管理－税收管理 Ⅳ. ①F275.3②F810.423

中国版本图书馆CIP数据核字(2022)第089844号

内 容 提 要

本书根据现行《企业会计准则》及税收政策法规，全面、系统地介绍了企业的人力成本、研发费用、销售费用、管理费用、财务费用等各项费用管控与税务处理要点，并提供全方位费用管控方案。同时，针对税制改革后传统纸质发票和电子发票的使用规范，以及营改增后增值税发票开具、核算、抵扣的要点和风险点进行了详细讲解，帮助企业在进行费用管控的同时有效规避相关风险。

本书适合企业财务会计、成本会计、采购人员和中高层管理者，以及高校相关专业师生阅读使用。

◆ 主　　编　侯立新　李　洁
　　责任编辑　程珍珍
　　责任印制　彭志环

◆ 人民邮电出版社出版发行　北京市丰台区成寿寺路11号
　邮编 100164　电子邮件 315@ptpress.com.cn
　网址 https://www.ptpress.com.cn
　三河市祥达印刷包装有限公司 印刷

◆ 开本：700×1000　1/16
　印张：13.5　　　　　　　　　　　　2022年7月第1版
　字数：230千字　　　　　　　　　　 2022年7月河北第1次印刷

定　价：69.00元

读者服务热线：(010) 81055656　印装质量热线：(010) 81055316
反盗版热线：(010) 81055315
广告经营许可证：京东市监广登字20170147号

前　言

企业财税管理是企业经营管理中一项非常重要的内容。随着市场经济的日趋规范和完善，财税管理在企业竞争中所起的作用越来越显著。一方面，财务管理通过对资金供求关系的掌握，为企业的经营活动保驾护航，并为企业经营决策提供参考依据，其风险预警能力还可以有效地帮助企业预知风险，从而采取合理的规避措施，提高企业的抗风险能力。另一方面，税务合规也是关系到企业生死存亡的重要指标。企业通过对税法知识的学习，进一步提高纳税意识，在掌握税法理论知识的前提下，通过税收优惠、税收筹划等一些合理合法的方法来达到降低企业经营成本、提高财务管理水平，最终提高企业竞争力的目的。

然而，企业管理者对于财税管理的重要性普遍存在一个误区，即财务就是算账的，把账算对就可以。这种对财税工作重要性的忽视和无知，导致企业得不到提前预警、问题诊断、方向指引和决策依据，给企业带来不可估量的损失。

在企业的财务事项中，企业各项费用支出是否合理、核算是否及时准确，直接影响企业的成本、利润和税收优惠政策的使用，处理不当不仅会导致经济上的损失，还会带来违规风险。

本书根据现行《企业会计准则》及税收政策法规，从会计核算、纳税筹划、费用管控三个方面，全面、系统地介绍了企业的人力成本、研发费用、销售费用、管理费用、财务费用等各项费用管控与税务处理要点，并提供全方位费用管控方案。同时，本书针对税制改革后传统纸质发票和电子发票的使用规范，以及营改增后增值税发票开具、核算、抵扣的要点和风险点进行了详细讲解，帮助企业在进行费用管控的同时有效规避相关风险。

全书内容简洁实用，案例丰富翔实，具有易学、易操作的特点，可以帮助会计人员快速掌握企业会计准则下费用管控与税务处理流程。同时，本书配有配套视频课程讲解，读者扫描书中二维码即可观看。

由于会计法规、制度更新变化较快，书中难免有错漏之处，恳请读者批评指正。

编者

目 录

CHAPTER 01 第一章 总论

第一节　企业常见成本费用　　3

第二节　为什么会存在税会差异　　9

CHAPTER 02 第二章 人力成本管控与税务处理

第一节　何为"合理"的工资薪金　　15
　　一、工资薪金管控办法　　15
　　二、可以作为工资薪金税前扣除的成本费用　　19

第二节　职工福利费要交增值税吗　　23
　　一、职工福利费管控办法　　23
　　二、职工福利费税务处理　　25

第三节	**辞退费用在税前一次扣除**	30
	一、辞退费用管控办法	30
	二、辞退费用税务处理	34
第四节	**提高员工创造力是企业发展的源泉**	37
	一、职工教育经费管控办法	37
	二、职工教育经费税务处理	40
第五节	**工会经费如何管控**	46
	一、工会经费管控办法	46
	二、工会经费的税务处理	48

CHAPTER 03 第三章 研发费用管控与税务处理

第一节	**会计中的资本化与费用化**	55
	一、研发费用筛选及管理对策	55
	二、研发费用资本化与支出费用化	58
第二节	**研发费用税前加计扣除范围**	62
	一、不同企业对政策激励效果的影响	62
	二、税前加计扣除范围	64
第三节	**税收优惠研发费用"加计"扣除标准**	70
	一、委托研发加计扣除	73
	二、委外研发	74

CHAPTER 04

第四章
销售费用管控与税务处理

第一节　广告费和业务宣传费　　83
　　一、广告费和业务宣传费会计处理　　83
　　二、广告费和业务宣传费管控　　84
　　三、广告费和业务宣传费税务处理　　86

第二节　销售折扣费用和促销赠品费用　　94
　　一、销售折扣费用管控　　94
　　二、销售折扣费用税务处理　　96
　　三、促销赠品费用管控　　101
　　四、案例：买房送车　　104

第三节　捐赠和赞助支出费用　　107
　　一、捐赠和赞助支出费用管控　　107
　　二、公益捐赠社会效应　　108
　　三、公益捐赠税务处理　　110
　　四、赞助支出税务处理　　115

CHAPTER 05

第五章
管理费用管控与税务处理

第一节　业务招待费　　121
　　一、业务招待费管控　　121
　　二、业务招待费税务处理　　122

第二节　差旅费管控及税务处理　　　　　　　　　132
　　一、差旅费管控　　　　　　　　　　　　　　132
　　二、国内旅客运输服务税务处理　　　　　　　135
　　三、差旅费个税处理　　　　　　　　　　　　140

CHAPTER 06
第六章 财务费用管控与税务处理

第一节　财务费用管控　　　　　　　　　　　　　145
　　一、利息支出和手续费控制　　　　　　　　　145
　　二、企业之间的借贷法律风险　　　　　　　　148
　　三、借款费用的税会差异　　　　　　　　　　150

第二节　明股实债法律风险和税务处理　　　　　　153

第三节　集团内部资金拆借涉税分析　　　　　　　159
　　一、无偿资金拆借　　　　　　　　　　　　　160
　　二、统借统还资金拆借　　　　　　　　　　　163
　　三、关联企业资金拆借　　　　　　　　　　　170

CHAPTER 07
第七章 发票管理办法

第一节　发票管理和领用　　　　　　　　　　　　179
　　一、发票的管理　　　　　　　　　　　　　　179

	二、发票的种类与适用范围	180
	三、发票领用	182
第二节	**发票开具的范围及要求**	185
	一、发票开具的范围	185
	二、发票开具的基本要求	186
	三、差额征税发票开具	187
	四、备注栏的填写	190
	五、发票作废与开具红字发票	192
第三节	**企业所得税税前扣除凭证**	195
第四节	**电子发票**	200
第五节	**法律责任**	203

第一章 总论

为了巩固您对本章内容的理解，便于今后工作中的应用，达到学以致用的目的，我们录制了视频课程，您可以扫描下面的二维码进行观看。

第一节

企业常见成本费用

利润是衡量一家企业经营好坏的重要指标,指的是企业收入超过成本费用的部分。因此,利润的计算公式为:利润＝收入－成本费用。从公式中我们可以看出,增加收入和降低成本费用都可以使利润增加。

收入是指企业在日常活动中形成的会导致所有者权益增加,与所有者投入资本无关的经济利益的总流入。那么,哪些收入会导致所有者权益增加呢?具体包括销售商品、提供劳务及他人使用企业资产等日常活动中形成的经济利益。增加收入靠的是企业领导、生产部门、运营部门、销售部门、后勤保障部门的共同努力。企业领导统领大局,销售部门不断地去寻找企业的目标客户,生产部门和运营部门需要向客户提供更优质的产品与服务,而后勤保障部门为其他部门提供支持性服务,让他们轻装上阵。只有这样企业在竞争中才能处于领先优势。增加收入永远是利润增长的硬道理。

成本费用是指企业为生产产品、提供劳务等日常活动所发生的各项耗费，如人力成本、生产成本、采购成本、物流成本、研发费用、销售费用、管理费用及财务费用。要降低成本费用，企业需砍掉不必要的花费，以较低的成本实现较大的效益；而要管控好企业的各项费用开支，财务人员就要加强预算管控，帮助企业实现全面降本增效。

1. 人力成本

人力成本是制约企业发展的重要因素之一。人力成本是指企业为了获得日常经营管理所需的人力资源，在人员招聘、使用和人员离职后所产生的所有支出。根据人员从进入企业到离开企业整个过程中所发生的人力资源工作事项，我们可将人力成本分为取得成本、开发成本、使用成本与离职成本。

取得成本是指企业在招聘员工的过程中发生的成本，主要包括招聘、选择、录用和安置等各个环节所发生的费用。开发成本是指企业为提高员工的能力、工作效率及综合素质而支出的费用或付出的代价，即我们常说的企业为员工支付的职工教育经费。职工教育经费支出是企业一项很重要的支出项目，关系到员工能力的培养与企业可持续健康发展目标的实现。使用成本是指企业在使用员工的过程中发生的费用，主要包括职工工资、奖金、津贴、补贴、社会保险费用、福利费用、劳动保护费用、工会费、残疾人保障金等。离职成本是指企业在员工离职时可能支付给员工的离职津贴、辞退费用等。

2. 研发费用

研发费用是指企业在研究与开发无形资产过程中发生的各项支出，具体包括研发人员的薪资及其他人事费用、材料成本和已消耗的劳务、设备与设施的折旧等。

随着互联网、大数据等新技术的不断涌现，科技创新作为企业发展的内生动力显得越来越重要。近年来，为提高企业的竞争力，许多企业不断加大研发投入，增强企业科技创新能力。国家在财税政策方面大力支持企业创新，如税收红利的兑现更及时，同时为鼓励企业大胆创新、安心研发，国家接续升级研发费用加计扣除税收优惠，使越来越多的企业感受到政策红利支持。这既减轻了企业负担、补充了现金流，还能持续激发企业研发创新的内生动力。有了国家政策的支持和税务部门的优质服务，企业对于未来的发展也更有信心和底气。

3. 期间费用

期间费用对于企业的日常经营会产生较为重要的影响，是衡量企业能否达到预期经营效果的重要因素。一般来说，企业的期间费用主要包括销售费用、管理费用和财务费用，企业的期间费用管控也应该从这三个方面来着手。企业应厘清期间费用管控基础逻辑，重点关注期间费用的惯性发生，并结合自身实际情况开展一系列工作，优化自身的期间费用管控，有计划地采取一系列对策举措，切实做好期间费用管控的优化工作。值得一提的是，这个过程是循序渐进的，是需要通过实践不断反馈、不断优化的，企业应该基于长远考虑来做好相关优化提升举措的制定和执行。

4. 销售费用

销售费用是指企业在销售产品或应税劳务等过程中发生的各项费用，以及为实现销售而专设销售机构的各项经费。销售行为相关的支出包括但不限于广告费用、销售佣金、促销费用等销售杂费，具体管控要点如下。

（1）对广告费用的管控。广告的投放在初期确实能够带来较好的效果，但这种效益是边际递减的，一味地持续增加广告费用，首先是广告费用的支出和产出未必呈正比例增长，其次是广告费用过高，未必能在当年税前全部扣除，可能产生递延所得税。

（2）对销售佣金的管控。合理的销售佣金制度能有效激励销售人员的工作热情，推动销售业绩增长，从而提升企业的市场占有率和经营水平；不合理的佣金制度，可能造成销售人员的过度竞争，甚至发生舞弊等行为。此外，企业还要注意销售佣金的税前扣除标准，超过部分不允许在税前扣除。

（3）对促销费用的管控。要注意促销费用是否可以在税前扣除，并且可能会涉及给客户的促销礼品，是否需要缴纳个人所得税等其他税费。

一般企业在销售费用的管控中会存在一些问题，主要体现在对上述费用的管控方式较为粗放，一味地支出，并没有考虑投入的成本与企业产生的效益是否成正比。

5. 管理费用

管理费用是指企业的董事会和行政管理部门为组织与管理企业生产经营活动所发生的费用，或由企业统一负担的各项费用。企业的管理费用是日常经营管理和业务执行过程中必不可少的，一般来说主要包括差旅费、招待费、办公费、交通费等多个方面的费用支出。

企业管理费用管控不足主要体现在两个方面。一是在办公费用方面，低值易耗品存在精细化程度不高、浪费比较严重的问题。低值易耗品顾名思义就是价值较低的消耗性物品，正因为其价格不高和容易消耗的特点，许多企业对此的管控比较松懈。然而从总体上看，长期的粗放式管理所带来的不正常消耗也是一笔不小的数目，会直接降低企业的营业利润。二是在差旅费、业务招待费、交通费等方面，许多企业存在着管控不严的现象，虽然现实中企业的业务开展和执行有时候是不可预计和多变的，但这并不是疏于管理或管控不严的理由，缺乏管控的后果就是管理费用的不断上升，其幅度甚至高于收入的上升幅度。

6. 财务费用

财务费用主要是由于企业的举债经营所形成的，如借款的利息费用等。举债经营是目前企业采用的一种常见的经营方式，它能够促进企业的扩张和发展，借助金融杠杆的力量来实现自身由小到大的快速发展。在此过程中，企业的财务费用会面临着结构和周期两个方面的问题。首先，从结构问题方面来看，举债经营是主流的企业经营方式，但是也不能无限制地扩张自身的债务。债务比例必须要保持在一定的水平之下，只有这样才能够保证企业的整体利益和经营安全，这就涉及企业资本结构的优化问题。从财务费用的视角看，过高的债务占比会带来过高的财务成本，给企业的经营带来不利影响。其次，从周期问题方面来看，债务是具有一定期限的，在此过程中，众多企业并未考虑如何有效地匹配资金需求和债务的期限结构，由此就会造成企业的财务杠杆利用效益较低或达不到预期，或者是造成资金的使用成本相对较高，而使用效益相对不高。

第二节 为什么会存在税会差异

税收在国家资源配置逻辑下，通过制度优势修正市场主体资源配置缺陷，实现国家治理整体效应、大局效应。会计立足于微观层次，反映微观主体资源配置逻辑的结果，而税收立足于宏观层次，作用于微观领域，并对微观主体资源配置行为进行调控和治理。因此，税会差异本质上是国家和微观主体资源配置逻辑的差异。通过税会差异可以透视不同资源配置逻辑协同度、理解税收治理逻辑、审视和评价微观主体行为及效率。如果没有税会差异，企业税负应随着会计利润线性变动，但是在宏观层面，国家运用税收进行资源的再配置，如企业所得税制度中的税前抵扣限制（产生约束性税会差异）、加计扣除（产生激励性税会差异）条款等无不彰显了税收对企业的调控和治理意志。这些调控的直接后果就是产生税会差异、调整企业税负成本以约束和激励微观企业行为，实现税收治理和宏观调控目标。

税会差异可分为约束性税会差异和激励性税会差异。

（1）约束性税会差异。例如，我国税收制度对于超过标准的业务招待费、工会经费、职工教育经费、福利费（计入管理费用）、广告费和业务宣传费（计入销售费用）、利息支出（计入财务费用）等企业的超额费用和支出，不予税前扣除或限制扣除，这些都是税收约束机制的具体应用。对超额费用的税前扣除进行限制，以对超额费用这种非效率现象变相征税的形式倒逼企业提高经营管理效率，从而达到税收治理目的。企业超额费用不仅使企业自身压力增大，还将导致稀缺性资源集中在非生产性领域，对研发投资等生产性活动产生挤出效应，抑制企业创新，损害企业长期业绩及社会整体绩效。因此，根据税收治理逻辑，企业超额费用是企业非效率的表现，应当予以约束和限制。

企业超额费用的税前扣除限制集中体现了税收治理逻辑，是约束性税会差异产生的主要根源。我们可以从两个角度对约束性税会差异进行分析。一是会计利润的角度。约束性税会差异表明企业应纳税所得额大于会计利润，企业税负约束增加，是税收约束机制发挥效应的结果。企业超额费用不能税前扣除或限制税前扣除，会产生税会差异。会计利润变动而税负难以随之变动，企业税负相对利润变动的敏感度下降。二是企业管理的角度。当企业经营管理效率提高、超额费用下降时，企业在利润增加的同时，约束性税会差异随之下降。但当企业经营管理效率下降、超额费用上升时，超额费用侵蚀会计利润的同时，企业税负难以相应下降，产生的约束性税会差异越多，企业税负越高。

（2）激励性税会差异。例如，我国税收制度对于研发费用加计扣除、残疾人员工资加计扣除，以及企业购置并实际使用"环境保护、节能节水、安全生产"等专用设备，抵免应纳税额等税收优惠政策，准予企业在发生以上支出时，可以在企业所得税前加计扣除，这些都是税收激励性机制的具体应用。

我们以研发费用加计扣除为例，具体阐释激励性税会差异。根据熊彼特创新理论，技术创新是经济增长的动力，而创新的主体为企业。但是，企业技术创新收益的外部性、创新过程的不可分割性以及创新结果的不确定性等因素，会导致市场失灵，以致企业创新投入低于社会最优水平。因此，引导和激励企业创新是税收治理的重要目标之一。研发投入的税前加计扣除和加计摊销方式使得企业应纳税所得额小于会计利润，产生激励性税会差异，降低企业税负，从而增强企业研发创新的积极性，达到促进企业创新的税收治理目标。首先，在税收激励政策下，企业研发投入享受加计扣除，会产生税会差异，降低企业税负相对利润变动的敏感度。其次，从税会差异角度来看，企业开展研发投入产生激励性税会差异，可以从三个方面进行分析。一是激励性税会差异的抵消效应。研发投入形成的激励性税会差异可以抵消企业约束性税会差异对税负变动的影响。二是研发投入的非效率支出挤出效应。在税收优惠政策的激励下，企业加大研发投入，耗用了企业的自由现金流等资源，对管理层的个人消费、在职消费等非效率支出具有一定的挤出效应，促使企业将用于非效率支出的资源转移至研发投入中。三是研发激励的溢出效应。在税收激励的作用下，企业更加积极地进行创新，从而进一步提高企业效率。企业效率的提高促使企业进一步向税收治理目标靠近。

在当前税收制度下，只要企业资源配置行为与税收治理目标之间存在差异，税会差异就会客观存在。例如，企业经营管理效率降低，超额费用上升，则偏离税收治理目标，产生约束性税会差异；而企业增加研发投入，符合税收的微观治理目标，通过获取激励性税会差异并且促进企业经营管理效率提高。降低企业整体税负是国家减税政策真正落地以及企业可持续生存和发展需要正视的重大问题。在政策方面，经济下行期的减税降费政策不能只关注总体减了多少税，还应该关注企业间个体差异和真实获得感，具体应该配合相应的供给侧结构性改革措施，引导企业提高效率，从根本上减轻企业税负痛感。在企业方面，提高经营管理效率、切合国家税收治理目标，是降低自身税负压力、促进企业可持续发展的关键。

第二章

人力成本管控与税务处理

为了巩固您对本章内容的理解，便于今后工作中的应用，达到学以致用的目的，我们录制了视频课程，您可以扫描下面的二维码进行观看。

第一节

何为"合理"的工资薪金

一、工资薪金管控办法

职工薪酬成本是人工成本的重要组成部分,直接影响企业经营总成本的高低。职工薪酬是指企业为获得职工提供的服务或解除劳动关系而给予各种形式的报酬或补偿。按照收益所属期间,职工薪酬可以分为四大类,分别是短期薪酬、离职后福利、辞退福利和其他长期职工福利。这里值得注意的是,企业提供给职工配偶、子女、受赡养人、已故员工遗属及其他受益人等的福利,也属于职工薪酬。

职工薪酬具体包括:职工工资、奖金、津贴和补贴;职工福利费;医疗保险费、养老保险费、失业保险费、工伤保险费和生育保险费等社会保险费;住房公积金;工会经费和职工教育经费;非货币性福利;因解除与职工的劳动关系给予的补偿；其他与获得职工提供的服务相关的支出。

职工是指包括与企业订立正式劳动合同的所有人员，含全职、兼职和临时职工，也包括未与企业订立正式劳动合同，但由企业正式任命的人员，如董事会成员、监事会成员和内部审计委员会成员等。在企业的计划、领导和控制下，虽与企业未订立正式劳动合同或企业未正式任命的人员，但为企业提供了类似服务，也纳入职工范畴。

那么企业如何进行员工薪资管控呢？下面列举三种常见方式。

（1）采用不定时工作制。不定时工作制是指因企业生产特点、工作特殊需要或职责范围的关系，对无法按标准工作时间安排工作或因工作时间不固定需要机动作业的员工采用的弹性工时制度。采用不定时工作制，可以有效控制加班费用及由此产生的纠纷，但需要注意的是，有以下三种情况的人员适合实行不定时工作制：①高级管理人员、外勤人员、推销人员、部分值班人员和其他因工作性质无法按标准工作时间衡量的员工；②长途运输人员、出租汽车司机和部分装卸人员，以及因工作性质特殊，需机动作业的员工；③其他因生产特点、工作特殊需要或职责范围的关系，适合实行不定时工作制的员工。

（2）合理使用非全日制员工。非全日制员工是指所雇用人员的每日工作时间不超过四个小时，以小时为单位计算工资的劳动者。企业可以根据岗位特点、季节性用工高峰，安排非全日制员工从事临时性的工作。使用非全日制员工具有工作时间随意、非工资性成本低、人员配置灵活等特点，可以随时通知对方终止用工而不必支付经济补偿。但是企业在使用非全日制员工时应注意如下事项：①在雇用非全日制员工时，应当对其基本情况进行全面了解，对工作时间有冲突的及在竞争对手、客户等有利益冲突的单位工作的求职者不予录用；②注重商业秘密管理。

（3）采用劳务派遣。劳务派遣即用人单位根据实际工作需要，向劳务派遣公司提出所用人员的标准条件和工资福利待遇，劳务派遣公司据此派遣人员到用人单位，用人单位和劳务派遣公司签订劳务派遣协议，劳务派遣公司和被聘用人员签订劳动合同。用人单位与劳务派遣公司的关系是劳务关系；被聘用人员与劳务派遣公司的关系是劳动关系，与用人单位的关系是有偿使用关系，这种关系也称为劳务派遣的三方关系。企业需要注意劳务派遣用工的适用范围。劳务派遣用工只是补充形式，只能在临时性、辅助性或者替代性的工作岗位上实施。

劳务派遣用工三方关系如图2-1所示。

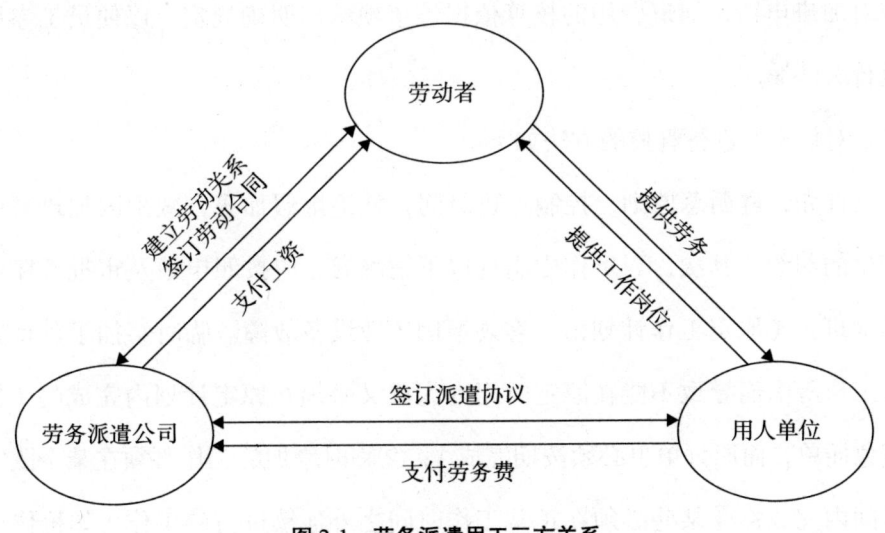

图2-1　劳务派遣用工三方关系

另外，加班费也属于职工薪酬。加班费是指企业在执行工作时间制度的基础上，因延长工作时间而支付的工资费用。

根据《中华人民共和国劳动法》（以下简称《劳动法》）的规定，用人单位应当按照下列标准向劳动者支付报酬：①正常工作日安排劳动者延长工作时间的，支付不低于工资的百分之一百五十的工资报酬；②休息日安排劳动者工作又不能安排补休的，支付不低于工资的百分之二百的工资报酬；③法定休假日安排劳动者工作的，支付不低于工资的百分之三百的工资报酬。如果用人单位安排加班不支付加班费的，由劳动行政部门责令限期支付加班费；逾期不支付的，责令用人单位按应付金额50%以上100%以下的标准向劳动者加付赔偿金。

为了减少企业用工成本，企业应合理分配工作内容，使员工在规定的时间内完成工作，尽量不让员工加班。如果必须加班的，企业人力资源部应对加班申请、加班费用的核算依据等事项给出明确规定，以便员工参照执行。

对加班费进行管控的方法如下。

首先，遵循总原则，控制加班时间，杜绝虚假加班，减少因加班费而产生的纠纷。其次，当工作中出现以下情况时，应按照申请及审批程序安排加班：①原定工作计划由于客观原因（即设备故障、临时穿插了其他紧急工作等）而导致不能在原定时间内完成又必须在原定计划内完成的（如紧急插单，而原订单也必须按期完成）；②临时增加的工作必须在某个既定时间内完成；③某些必须在正常工作时间之外连续进行的工作（如抢修设备）。最后，严禁虚报、谎报加班及无工作任务加班。

二、可以作为工资薪金税前扣除的成本费用

上述发生的职工薪酬能作为工资薪金在企业所得税前全额扣除吗？要回答这个问题，我们应先了解企业所得税。企业所得税扣除项目分为两大类，即税前准予扣除项目和税前不得扣除项目。可以税前扣除的支出分为收益性支出和资本性支出，收益性支出可以在当期税前扣除，资本性支出要分期进行扣除，换言之，资本性支出当期不准予扣除，以后可以分期摊销。对于企业使用非应税收入，产生的费用支出不得税前扣除，或形成的资产的折旧摊销额也不得在税前进行扣除。

《中华人民共和国企业所得税法》（以下简称《企业所得税法》）第八条对企业所得税扣除进行了原则性的规定，其中关于"有关的、合理的支出"，在《中华人民共和国企业所得税法实施条例》（以下简称《企业所得税法实施条例》）第二十七条中进行了解释规定。《企业所得税法》第八条所称合理的支出，是指符合生产经营活动常规，应当计入当期损益或者有关资产成本的必要和正常的支出。

了解了企业所得税税前扣除标准，我们再来了解企业所得税中的"工资薪金总额"。

《国家税务总局关于企业工资薪金及职工福利费扣除问题的通知》（国税函〔2009〕3号）明确解释了关于《企业所得税法实施条例》第三十四条所称的"合理工资薪金"，是指企业按照股东大会、董事会、薪酬委员会或相关管理机构制定的工资薪金制度规定实际发放给员工的工资薪金。税务

机关在对工资薪金进行合理性确认时，可按以下原则掌握：（1）企业制定了较为规范的员工工资薪金制度；（2）企业所制定的工资薪金制度符合行业及地区水平；（3）企业在一定时期发放的工资薪金是相对固定的，工资薪金的调整是有序进行的；（4）企业对实际发放的工资薪金，已依法履行了代扣代缴个人所得税义务；（5）有关工资薪金的安排，不以减少或逃避税款为目的。

接下来，我们举例说明企业发生的以下人工成本是否属于"合理工资薪金"。

1. 解除劳动合同支付的经济补偿金

企业支付给离职人员的因解除劳动合同产生的经济补偿金不可以作为工资薪金税前扣除。《企业所得税法》第八条规定，企业实际发生的与取得收入有关的、合理的支出，包括成本、费用、税金、损失和其他支出，准予在计算应纳税所得额时扣除。因此，企业发生的经济补偿金不是与收入有关的合理支出。解除劳动合同支付的经济补偿金不可以作为工资薪金税前扣除，以后也不得作为计算职工福利费等的基数。

2. 企业预提的职工离职补偿费

企业根据企业财务制度为职工提取离职补偿费，在进行年度企业所得税汇算清缴时，对当年度"预提费用"科目发生额进行纳税调整，待职工从企业离职并实际领取离职补偿费后，企业可按规定进行税前扣除。

3. 发放工资薪金没有代扣代缴个人所得税

企业发放的工资、薪金如果没有代扣代缴个人所得税，不能证明其工资、薪金支出的属性，不允许在企业所得税前扣除。

4. 集体福利部门人员工资薪金

职工食堂、职工浴室、理发室、医务所、托儿所、疗养院等集体福利部门工作人员的工资薪金、社会保险费、住房公积金、劳务费等，只能以"职工福利费"的名义按规定税前扣除，不能以"工资薪金"进行税前扣除。

5. 预提工资薪金在汇缴年度未发生实际支付

汇算清缴之前未实际发放的工资薪金，不得税前扣除。《关于企业工资薪金和职工福利费等支出税前扣除问题的公告》（国家税务总局公告2015年第34号）第二条规定，企业在年度汇算清缴结束前向员工实际支付的已预提汇缴年度工资薪金，准予在汇缴年度按规定扣除。

6. 支付给劳务派遣公司的费用

《关于企业工资薪金和职工福利费等支出税前扣除问题的公告》（国家税务总局公告2015年第34号）第三条规定，企业接受外部劳务派遣用工所实际发生的费用，应分两种情况按规定在税前扣除：按照协议（合同）约定直接支付给劳务派遣公司的费用，应作为劳务费支出；直接支付给员工个人的费用，应作为工资薪金支出和职工福利费支出。其中属于工资薪金支出的费用，准予计入企业工资薪金总额的基数，作为计算其他各项相关费用扣除的依据。

7. "三费、五险、一金"支出

《国家税务总局关于企业工资薪金及职工福利费扣除问题的通知》（国税函〔2009〕3号）明确规定，企业实际发放的工资薪金总和，不包括企业的职工福利费、职工教育经费、工会经费以及养老保险费、医疗保险费、失业保险费、工伤保险费、生育保险费等社会保险费和住房公积金。

8. 季节工、临时工、兼职、实习人员等薪酬

《关于企业所得税应纳税所得额若干税务处理问题的公告》（国家税务总局公告2012年第15号）规定，企业因雇用季节工、临时工、实习生、返聘离退休人员所实际发生的费用，应区分为工资薪金支出和职工福利费支出，并按《企业所得税法》规定在企业所得税前扣除。其中属于工资薪金支出的，准予计入企业工资薪金总额的基数，作为计算其他各项相关费用扣除的依据。临时工、兼职、实习人员不属于职工范畴，其薪酬按照劳务费进行税前扣除。

9. 工资薪金支付对象不属企业任职或者受雇人员

工资薪金支付对象不属企业任职或者受雇人员包括：已领取养老保险金、失业救济金的离退休职工、下岗职工、待岗职工；与企业解除劳动合同关系的原企业职工；虽未与企业解除劳动合同关系，但企业不支付基本工资、生活费的人员；由职工福利费、劳动保险费等列支工资的职工。这些费用的支出并不属于企业日常生产经营活动，因此不属于税法规定的合理的工资薪金支出，只能列支在福利费等其他费用中。

10. 与收入不直接相关的离退休人员工资福利

《国家税务总局办公厅关于强化部分总局定点联系企业共性税收风险问题整改工作的通知》（税总办函〔2014〕652号）按照《企业所得税法》第八条及《企业所得税法实施条例》第二十七条规定，与企业取得收入不直接相关的离退休人员工资、福利费等支出，不得在企业所得税税前扣除。

第二节

职工福利费要交增值税吗

一、职工福利费管控办法

职工福利是职工薪酬制度的重要组成部分，属于职工激励机制范畴，同时也成为劳动者收入的重要组成部分和满足需求的有效渠道。随着经济全球化的进程不断加快，在企业之间的各项竞争中，人才竞争的重要性和激烈程度日益提升，许多企业管理者纷纷开始寻找留住和激励员工的方法，职业福利就此走进管理者的视野。

职工福利费包括按标准提取的工作人员福利费、独生子女保健费、未参加公费医疗单位的职工医疗费、职工探亲旅费、遗属生活困难补助费、长期赡养人员补助费、过节发放的物品、节日补助、体检费、婚嫁金、丧葬金以及抚恤金等。但是以下费用不得在职工福利费项目中列支：员工奖金、津贴和补助支出，商业保险（属于个人投资行为）支出，业务招待费支出等。

职工福利是员工劳动报酬的一部分，也是一种长期激励方式。为使员工福利项目的发放或实施有据可依，企业人力资源部、财务部应对相关事宜给出具体的规定，以便对员工福利费用进行有效管控。

职工福利费管控的总原则为严禁任意提高标准，扩大开支范围；严格按照财务制度进行会计核算，单独设置账册，进行准确核算。职工福利费需要各个部门之间的协调，各个部门对职工福利费的控制职能如下。财务部是员工福利费的主管部门，对员工福利费实行归口计划管理，做到控制开支、正确使用。财务部负责员工福利费报销凭证的审核、报销、记账，以及会计报表的填制。人力资源部负责掌握员工福利性各项津贴的执行标准，并及时通知财务部。采购部负责福利用品的采购及发放工作。财务部、人力资源部、采购部的职责权限应当明确，并相互分离、相互制约。

职工福利的特殊之处在于它不是员工生存的基本需要，而是为了督促员工更好地效力于企业所做出的雇用保障，对员工工作行为和态度产生直接影响。对员工个人来说，通过职工福利能够帮助员工应对社会风险，提高个人可雇用能力。

企业发放给员工的福利费可以现金或者外购货物形式发放给员工。部分企业有时会将自产产品作为职工福利发放给员工，这就涉及流转税的问题。

二、职工福利费税务处理

1. 职工福利费的税前扣除

《企业所得税法实施条例》第四十条规定，企业发生的职工福利费支出，不超过工资薪金总额14%的部分，准予扣除。职工福利费只有实际发生的支出，才能够在规定的比例内据实税前扣除。此处的工资薪金总额是指企业实际发生的，并且允许税前扣除的工资薪金总额，而不是会计上的工资薪金提取数总额。

【例2-1】甲企业进行当年所得税汇算清缴，职工福利费共计500万元，实际发放的员工工资共计3 000万元。其中：

（1）按照合同约定直接支付给劳务派遣公司300万元，由其自行发放派遣人员工资；

（2）企业内设福利部门发生人员工资100万元；

（3）交通补贴和住房补贴共计400万元，为高危工作岗位人员提供福利性津贴100万元；甲企业根据企业董事会制定的工资薪金制度按标准定期发放工资，且依法代扣代缴了个人所得税，符合《关于企业工资薪金和职工福利费等支出税前扣除问题的公告》（国家税务总局公告2015年第34号）第一条规定；

（4）支付因解除劳动合同产生的经济补偿金50万元；

（5）支付季节工、临时工、兼职、实习人员等薪酬共计100万元。

问：甲企业在企业所得税前允许扣除的工资薪金总额为多少万元？

企业所得税前允许扣除的工资薪金总额为2 450万元（3 000-300-100-50-100）。

具体说明如下。

第一，直接支付给劳务派遣公司300万元，不得作为企业所得税前扣除的工资薪金总额。《关于企业工资薪金和职工福利费等支出税前扣除问题的公告》（国家税务总局公告2015年第34号）第三条规定，企业接受外部劳务派遣用工所实际发生的费用，应分两种情况按规定在税前扣除：按照协议（合同）约定直接支付给劳务派遣公司的费用，应作为劳务费支出；直接支付给员工个人的费用，应作为工资薪金支出和职工福利费支出。其中属于工资薪金支出的费用，准予计入企业工资薪金总额的基数，作为计算其他各项相关费用扣除的依据。

第二，企业内设福利部门发生人员工资100万元不得作为工资薪金在税前扣除。集体福利部门人员工资薪金包括职工食堂、职工浴室、理发室、医务所、托儿所、疗养院等集体福利部门工作人员的工资薪金、社会保险费、住房公积金、劳务费等，只能以"职工福利费"的名义按规定税前扣除，不能以"工资薪金"进行税前扣除。

第三，交通补贴和住房补贴共计400万元，以及为高危工作人员提供的福利性津贴100万元，可以作为工资薪金在税前扣除。《关于企业工资薪金和职工福利费等支出税前扣除问题的公告》（国家税务总局公告2015年第34号）生效后，交通补贴、住房补贴和为高危工作岗位人员提供福利性津贴均计入"福利性补贴"，可以作为工资薪金在税前扣除。

第四,支付因解除劳动合同产生的经济补偿金50万元,属于企业支付给离职人员的因解除劳动合同产生的经济补偿金,不可以作为工资薪金在税前扣除。《企业所得税法》第八条规定,企业实际发生的与取得收入有关的、合理的支出,包括成本、费用、税金、损失和其他支出,准予在计算应纳税所得额时扣除。企业发生的经济补偿金不是与收入有关的合理支出。解除劳动合同支付的经济补偿金不可以作为工资薪金税前扣除,那么以后也不得作为计算职工福利费等的基数。

第五,支付季节工、临时工、兼职、实习人员等薪酬共计100万元,不可以作为工资薪金在税前扣除。《关于企业所得税应纳税所得额若干税务处理问题的公告》(国家税务总局公告2012年第15号)规定,企业因雇用季节工、临时工、实习生、返聘离退休人员所实际发生的费用,应区分为工资薪金支出和职工福利费支出,并按《企业所得税法》规定在企业所得税前扣除。其中属于工资薪金支出的,准予计入企业工资薪金总额的基数,作为计算其他各项相关费用扣除的依据。临时工、兼职、实习人员不属于职工范畴,其薪酬按照劳务费进行税前扣除。

2. 将自产产品用于集体福利的税务处理

企业将自产产品用于集体福利,需要缴纳增值税。现行《增值税暂行条例实施细则》第四条规定,企业将自产、委托加工的货物用于集体福利或个人消费的,应视同销售货物。因此,企业将自产产品用于集体福利需按照产品的正常计税价格作为增值税视同销售进行税务处理,相应的进项税额允许从销项税额中抵扣。

【例 2-2】 某食品生产企业为增值税一般纳税人，增值税税率为 13%。在中秋佳节到来之际，企业决定发放月饼作为职工福利。企业为此特意购进生产用的原材料，价款共计 90 400 元（含增值税），全部投入生产后，共生产出 1 000 盒月饼并已全部发放完毕。同类产品市场零售价为每盒 113 元（含增值税）。

试计算该项职工福利应缴纳的增值税税额。

（1）确定该项非货币性福利费的销项税额：(1 000×113)÷(1+13%)×13%=13 000（元）。

（2）为生产该项产品购进原材料的进项税额：90 400÷(1+13%)×13%=10 400（元）。

（3）企业将自产月饼用于集体福利，按照产品的市场价格计算增值税的销项税额，相应的进项税额允许从销项税额中抵扣，因此企业该批非货币性福利应缴纳的增值税为 2 600 元（13 000-10 400）。

如果企业将自产产品用于集体福利，但是没有该产品的正常计税价格，这种情况应该如何处理呢？《增值税暂行条例实施细则》第十六条明确规定，视同销售按下列顺序确定销售额：按纳税人当月同类货物的平均销售价格确定；按纳税人最近时期同类货物的平均销售价格确定；按组成计税价格确定。组成价格的公式为：组成计税价格 = 成本 ×（1+ 成本利润率），属于应征消费税的货物，其组成计税价格中应加计消费税额。

【例 2-3】 甲企业为增值税一般纳税人，增值税税率为 13%，成本利润率为 10%。该企业将新设计的羽绒服发放给职工作为职工福利，共计 1 000

件，生产成本为113元/件，无同类产品销售价格。

试计算该项福利应缴纳增值税的销项税额。

（1）企业将自产货物用于无偿赠送，视同销售货物，应当于移送时确认销项税额。

（2）由于无同类货物销售价格，应按照组成计税价格纳税，销项税额＝成本×（1+成本利润率）×增值税税率=1 000×113×（1+10%）×13%=16 159（元）。

【例2-4】某企业（增值税一般纳税人）将自己生产的特制烟丝无偿赠送给消费者（没有同类货物的销售价格），生产该批烟丝的成本为100万元，成本利润率为10%，消费税税率为30%，增值税税率为13%。

试计算该项福利应缴纳增值税的销项税额。

（1）将自产货物用于集体福利或个人消费，视同销售货物，应当于移送时确认销项税额。

（2）由于无同类货物销售价格，且烟丝属于应税消费品，应按照组成计税价格纳税，销项税额＝成本×（1+成本利润率）÷（1-消费税税率）×增值税税率=100×（1+10%）÷（1-30%）×13%=20.43（万元）。

第三节 辞退费用在税前一次扣除

一、辞退费用管控办法

1. 辞退员工给企业造成的负面影响

辞退是用人单位解雇员工的一种行为,是指用人单位由于某种原因与员工解除劳动关系的一种强制措施。在劳动者没有过错的情况下与其解除劳动合同,企业需要承担经济补偿责任。

如果在辞退员工的过程中处理不当,激化被辞退员工与企业的矛盾,被辞退员工会在企业或者业内传播对原企业的不满,使企业的声誉受到影响;如果辞退企业高管,高管很可能带走企业的重要客户,使企业遭受更大的损失。同时,这对其他在职员工而言,会让他们感到不安全,对企业产生不信任感,从而影响企业的凝聚力。

企业在辞退员工的过程中要注意以下几点。第一,员工的情绪管理。若是企业单方面的原因辞退员工且员工无过错,企业应当向员工做好解释工作,如企业辞退员工是因为企业经营不善,要对辞退员工的过往工作予以肯定,最好做到协商解除劳动关系,不伤和气。第二,让员工畅所欲言。在与被辞退员工谈话时,应该给予足够的时间,无论是员工对企业的抱怨还是不满,给员工一个私密的释放情绪的空间。第三,人力资源部门与辞退员工面谈时应做到真诚交谈,不能应付了事,在面谈的过程中可能会得到有价值的信息。

2. 辞退费用成本

辞退费用成本包括如下四类。

第一,离职前成本。当员工得知自己被辞退时,可能会消极怠工,工作效率也会大大降低,甚至会出现不配合工作交接、损毁企业文件资料等情况,而这段时间企业仍需要向员工发放工资。

第二,离职成本。根据《中华人民共和国劳动合同法》(以下简称《劳动合同法》)的规定,劳动者应当按照双方约定,办理工作交接。用人单位依照本法有关规定应当向劳动者支付经济补偿的,在办结工作交接时支付。经济补偿金=劳动合同解除或终止前劳动者在本单位的工作年限×每工作1年应得的经济补偿金。该公式包含了两个重要的数据,一是工作年限,如果工作年限在6个月以上但不满1年,需按1年计算;不满6个月的,向劳动者支付半个月工资标准的经济补偿（按半年计算）。二是月工资的确定，月工资是指劳动者在劳动合同解除或者终止前12个月的平均工资；按照劳动者应得工资计算，包括计时工资或者计件工资，以及奖金、津贴和补贴等货币性收入。如果劳动者在劳动合同解除或者终止前12个月的平均工资低于当地最低工资标准，则按照当地最低工资标准计算。

经济补偿金的计算不以实发工资、基本工资为计算基数。应发工资，根据《关于贯彻执行〈中华人民共和国劳动法〉若干问题的意见》（劳部发〔1995〕309号）第五十三条规定，一般包括工资、计件工资、资金、津贴和补贴、延长工作时间的工资报酬以及特殊情况下支付的工资等。

【例2-5】2007年5月1日，甲公司聘用刘某并与其签订了劳动合同。2020年12月31日，劳动合同到期，甲公司不再与刘某续签合同。刘某在劳动合同终止前12个月的应发平均工资为15 000元，实际发放工资为13 000元。甲公司所在地月最低工资标准为3 000元，当地2019年度职工月平均工资为8 000元。

试计算甲公司需要向刘某支付经济补偿金多少元。

刘某的工作年限为13年零8个月，由于工作年限"零头"不满6个月的按半年计算，6个月以上不满1年的按1年计算，因此甲公司应向刘某支付14个月标准的经济补偿金。

甲公司需要向刘某支付经济补偿金=15 000×14=210 000（元）

企业与员工解除劳动合同时需要严格按照《劳动合同法》的规定执行，以避免不必要的诉讼费用及赔偿费用。但需要注意两点，一是及时支付经济补偿金。用人单位需要依法支付经济补偿金，如果用人单位未依照规定向劳动者支付经济补偿,则由劳动行政部门责令限期支付经济补偿;逾期不支付的,责令用人单位按应付金额50%以上100%以下的标准向劳动者加付赔偿金。二是用人单位违反规定解除或者终止劳动合同,劳动者要求继续履行劳动合同的,用人单位应当继续履行;劳动者不要求继续履行劳动合同或者劳动合同已经不能继续履行的,用人单位应当依照《劳动合同法》规定的经济补偿标准的两倍向劳动者支付赔偿金。

第三,空缺成本。职位的空缺会导致一系列的问题,如由于人手不足,可能丧失向原有客户销售的机会,又如其他员工可能需要加班承担这部分工作,这就需要向其支付加班工资,这些问题都属于企业支付空缺成本。

第四,再雇用的成本。企业重新招聘员工,填补空缺的职位,需要支付招聘广告的费用、聘用猎头公司的费用、新招聘员工的安置费用、岗前培训费等。

3. 经济性裁员

经济性裁员的适用情形:(1)依照《中华人民共和国企业破产法》规定进行重整;(2)生产经营发生严重困难;(3)企业转产、重大技术革新或者经营方式调整,经变更劳动合同后,仍需裁减人员;(4)其他因劳动合同订立时所依据的客观经济情况发生重大变化,致使劳动合同无法履行。

经济性裁员的特别程序:(1)需要裁减人员20人以上或者裁减不足20人但占企业职工总数10%以上的,用人单位需提前30日向工会或者全体职工说明情况,听取工会或者职工的意见后,将裁减人员方案向劳动行政部门报告，经批准后方可裁减人员；（2）裁减人员不足20人且占企业职工总数不足10%的，无须执行上述程序。

裁减人员时，应当优先留用下列人员：（1）与本单位签订较长期限的固定期限劳动合同的人员；（2）与本单位签订无固定期限劳动合同的人员；（3）家庭无其他就业人员，有需要赡养的老人或者需要抚养的未成年人的人员。另外，用人单位裁减人员后，在6个月内重新招用人员的，应当通知被裁减的人员，并在同等条件下优先招用被裁减的人员。

二、辞退费用税务处理

1. 企业所得税

从会计的角度分析，由于被辞退的职工不再为企业带来未来经济利益，因此对于所有辞退费用，均应当于辞退计划满足负债确认条件的当期一次计入费用，不计入资产成本。从税法的角度分析，企业支付的经济补偿金可以在企业所得税前扣除，但是经济补偿金不可以作为工资薪金在税前扣除，也不得作为计算职工福利费等的基数。因为辞退费用不属于日常经常性发生的职工薪酬支出，所以不得计入工资薪金总额。

【例2-6】甲公司为一家空调制造企业，2020年9月，为了能够在下一年度顺利实施转产，甲公司管理层制订了一项辞退计划。

辞退计划规定：自2021年1月1日起，公司将以职工自愿方式，辞退柜式空调生产车间的职工。

辞退计划的内容包括拟辞退的职工所在部门和数量、各级别职工能够获得的补偿，以及计划大体实施的时间等，这些均已与职工沟通，并达成一致意见。辞退计划已于2020年12月10日经董事会正式批准，将于下一个年度内实施完毕。

经过与员工和工会的协商，愿意接受辞退的职工数量可能为123名，预计补偿总额为1 400万元，会计上在2020年确认管理费用1 400万元，而税法上需要在实际支付给员工辞退费用时，才能在企业所得税前扣除该笔费用。

【例2-7】甲公司为一家空调制造企业，2020年实际支付的工资总额为6 000万元，其中辞退费1 400万元、福利费800万元、工会经费100万元、职工教育经费400万元。

因为辞退费用不得计入工资薪金总额，可以作为职工三费扣除的基数为4 600万元（6 000-1 400）。

本年度需要纳税调整的金额：（1）福利费扣除限额标准是644万元（4 600×14%），需要纳税调增156万元；（2）工会经费扣除限额标准是92万元（4 600×2%），需要纳税调增8万元；（3）职工教育经费扣除限额标准是368万元（4 600×8%），需要纳税调增32万元，但是职工教育经费超出部分可以结转以后年度进行扣除。

2. 个人所得税

根据《财政部 税务总局关于个人所得税法修改后有关优惠政策衔接问题的通知》（财税〔2018〕164号）第五条第一款规定，个人与用人单位解除劳动关系取得一次性补偿收入（包括用人单位发放的经济补偿金、生活补助费和其他补助费），在当地上年职工平均工资3倍数额以内的部分，免征个人所得税；超过3倍数额的部分，不并入当年综合所得，单独适用综合所得税率表，计算纳税。

【例2-8】甲公司向刘某支付经济补偿金210 000元，当地上年职工平均工资为65 000元。刘某是否需要交纳个人所得税，若需要，要交多少？

本例中，上年职工平均工资3倍是195 000元，这部分免征个人所得税，超过部分为15 000元，不并入当年综合所得，单独适用综合所得税率表，税率为3%，刘某需要交纳个人所得税金额为450元（15 000×3%）。

第四节

提高员工创造力是企业发展的源泉

一、职工教育经费管控办法

1. 企业人才培养的意义

（1）有利于落实高质量发展要求。改革开放以来，我国的经济发展取得了举世瞩目的成就，但也存在一些问题。我们必须贯彻新发展理念，加快从以要素驱动、投资规模驱动发展为主，逐步向以创新驱动为主的转变。实施创新驱动发展战略，最根本的是要增强自主创新的能力，而人是自主创新的最关键因素。因此，我们必须把人才资源开发放在科技创新最优先的位置。企业要加大职工教育经费的投入，结合企业的实际情况，培养一批懂经营、善管理和能创新的人才队伍，这既有利于企业的可持续发展，又有利于国家高质量发展战略的实施。

（2）有利于应对外部环境的变化。企业要应对外部不利因素的冲击，强化自身的核心竞争力，就需要自我创新，加大对员工的培养，壮大企业的内在竞争实力。

2.建立创新型培训体系

企业应建立创新型企业职工培训体系，以促进企业稳定发展。首先，要实现培训观念的创新，对职工进行职业生涯引导，帮助职工实现个人职业目标的同时促进自身的发展进步，给予职工充分的提升发展机会。其次，要实现培训内容的个性化定制，根据职工所在部门和不同职级，采取有针对性的培训方法，在此基础上，可开展案例式教学培训，案例教学可以让学员交流互动，集思广益。最后，要实现培训考核的创新，培训结束后，对职工进行有效的考核，采取短期考核与长期考核相结合的方式，重点跟进企业职工在接受培训后职业能力是否有所提高、绩效水平是否有所提升等，以此来反映培训工作的有效性。

根据《关于企业职工教育经费提取与使用管理的意见》，企业职工教育培训的主要内容有：政治理论、职业道德教育；岗位专业技术和职业技能培训以及适应性培训；企业经营管理人员和专业技术人员继续教育；企业富余职工转岗转业培训；根据需要对职工进行的各类文化教育和技术技能培训。《关于企业职工教育经费提取与使用管理的意见》规定，经费必须专款专用，其中60%以上应用于企业一线职工的教育和培训。企业可以建立多元资金保障渠道。（1）职工教育经费税前可抵扣额提高到工资薪金总额8%以后，有效缓解了大多数企业培训费用不足的问题，但对于很多高新技术企业来说，仍然不能满足创新投入的需要，这就需要建立政府引导、市场主体参与的多元化的培训资金保障渠道。（2）由政府提供部分培训资金，针对区域企业共性的培训需求，采用其他企业共同分担的方式组织培训。（3）鼓励企业员工根据企业需要，结合自身特点，选择培训项目，分担部分培训费用。（4）企业可进一步开发内部培训师，吸纳更多有潜力、有意愿的员工加入内部培训师的队伍，对其开展系统性的培养，这不仅节省了培训费用，而且还能促进内部培训师队伍的规范化发展，最大限度地发挥员工的积极性和参与性。

3. 职工教育经费的管控

人力资源部应根据职工教育与培训计划合理使用职工教育经费。人力资源部也是培训费用的归口管理部门，负责确定培训费用的计提标准、使用范围和使用标准，负责指导和监督检查企业培训费用的使用情况，并将教育经费的提取和使用情况列入人力资源工作管理考核内容。财务部负责培训费用的计提和报销审核工作，对职工教育经费要建立使用计划和支出明细账，按计划掌握使用。年度终了，财务部应向本企业员工、人力资源部、工会等相关部门汇报教育经费使用情况。财务、审计、监察、人力资源等部门要严格履行职责，加强对员工教育经费提取、使用管理情况的检查监督。

职工教育经费的报销程序：按要求取得专业资格认证的员工，凭国家承认的资格证书及培训（报名）费用的正规发票原件报销学费；接受培训的人员持"员工继续教育申请表"原件及正规发票，到会计核算部办理相关报销手续。继续教育培训费用须经过人力资源部审核确认后，方可报销。培训结束后，未按要求取得相应资格认证的员工，不予报销培训费用。

二、职工教育经费税务处理

1. 一般税前扣除比例

按照规定，职工教育经费税前扣除限额明确为企业发生的职工教育经费支出不超过工资薪金总额8%的部分，准予扣除；超过部分，准予在以后纳税年度结转扣除。

职工教育经费的计算基数为允许税前扣除的工资、薪金总额。《国家税务总局关于企业工资薪金及职工福利费扣除问题的通知》（国税函〔2009〕3号）明确规定，合理工资薪金是指企业按照股东大会、董事会、薪酬委员会或相关管理机构制定的工资薪金制度规定实际发放给员工的工资薪金。这里应当注意，根据《国家税务总局关于企业工资薪金和职工福利费等支出税前扣除问题的公告》（国家税务总局公告2015年第34号）的规定，企业接受外部劳务派遣用工所实际发生的费用，应分两种情况按规定在税前扣除：按照协议（合同）约定直接支付给劳务派遣公司的费用，应作为劳务费支出；直接支付给员工个人的费用，应作为工资薪金支出和职工福利费支出。其中属于工资薪金支出的费用，准予计入企业工资薪金总额的基数，作为计算其他各项相关费用扣除的依据。

根据税会差异分析，会计上按《企业会计准则第9号——职工薪酬》（财会〔2014〕8号）第七条规定，企业为职工缴纳的医疗保险费、工伤保险费、生育保险费等社会保险费和住房公积金，以及按规定提取的工会经费和职工教育经费，应当在职工为其提供服务的会计期间，根据规定的计提基础和计提比例计算确定相应的职工薪酬金额，并确认相应负债，计入当期损益或相关资产成本。在日常的工作中，很多企业对职工教育经费是先按照工资薪金总额的8%计提，如果计提数大于实际使用数，则表明经费没有按政策用足，多计提的部分不能在税前扣除；如果计提数小于实际使用数，则表明职工教育经费发生的支出超限额了，超限额部分纳税年度不得扣除，但是准予在以后纳税年度结转扣除。从税法规定层面看，规定了限额扣除，但实际上是允许税前全额扣除，只是在扣除时间上做了相应递延，准予纳税年度的扣除额含有以前年度结转的职工教育经费，则应做纳税调减处理。

【例2-9】甲企业2020年度允许在税前扣除的工资薪金总额为1 000万元，实际发生的职工教育经费支出为100万元，以前年度累计结转扣除额为0。试问甲企业进行所得税申报时，应如何做纳税处理。

准予税前扣除职工教育经费的限额为80万元，实际发生额为100万元，在企业进行所得税申报时，应纳税调增20万元（100-80）。

【例2-10】乙企业2020年度允许在税前扣除的工资薪金总额为2 000万元，实际发生的职工教育经费支出为140万元，其中列支职工为取得学位费用5万元。以前年度累计结转扣除额为10万元。试问乙企业进行所得税申报时，应如何做纳税处理。

（1）企业发生的职工教育经费支出超限额部分的纳税调增，准予在以后纳税年度结转扣除。

（2）在职工教育经费实际支出中，列支不符合税前扣除条件的纳税调增，不得参与比例限额扣除。准予税前扣除的限额为160万元，乙企业职工教育经费支出的140万元中，含职工为取得学位费用5万元，此费用不符合扣除条件，所以实际发生额为135万元，准予抵扣上期金额为10万元。因此，乙企业应进行纳税调减5万元。

2. 职工教育经费可以据实扣除的特殊情况

现行税法规定，有四类企业的职工培训费用不受前款所述的扣除比例限制，可以全额在企业所得税前扣除。

（1）软件和集成电路企业。根据《财政部 国家税务总局关于进一步鼓励软件产业和集成电路产业发展企业所得税政策的通知》（财税〔2012〕27号）第六条规定，集成电路设计企业和符合条件软件企业的职工培训费用，应单独进行核算并按实际发生额在计算应纳税所得额时扣除。

（2）航空企业。根据《国家税务总局关于企业所得税若干问题的公告》（国家税务总局公告2011年第34号）第三条规定，航空企业实际发生的飞行员养成费、飞行训练费、乘务训练费、空中保卫员训练费等空勤训练费用，根据《企业所得税法实施条例》第二十七条规定，可以作为航空企业运输成本在税前扣除。

（3）核电企业。根据《国家税务总局关于企业所得税应纳税所得额若干问题的公告》（国家税务总局公告2014年第29号）第四条规定，核力发电企业为培养核电厂操纵员发生的培养费用，可作为企业的发电成本在税前扣除。企业应将核电厂操纵员培养费与员工的职工教育经费严格区分，单独核算，员工实际发生的职工教育经费支出不得计入核电厂操纵员培养费直接扣除。

（4）动漫企业。根据《财政部 国家税务总局关于扶持动漫产业发展有关税收政策问题的通知》（财税〔2009〕65号）第二条规定，经认定的动漫企业自主开发、生产动漫产品，可申请享受国家现行鼓励软件产业发展的所得税优惠政策。动漫企业的职工培训费用应单独进行核算，并按实际发生额在计算应纳税所得额时扣除。

【例2-11】丙企业是核电企业，2021年度允许在税前扣除的工资薪金总额为2 000万元，实际发生的职工教育经费支出为300万元，其中包括单独核算核电厂操纵员培养费用200万元。试问丙企业进行所得税申报时，应如何做纳税处理。

（1）丙企业是核电企业，核力发电企业为培养核电厂操纵员发生的培养费用，可作为企业的发电成本在税前扣除，不用计入核电厂操纵员培养费，即核力发电企业发生的培养费用允许全额税前扣除。因此，丙企业发生的核电厂操纵员培养费用200万元可以据实扣除，不占用职工教育经费的扣除限额。

（2）准予税前扣除的限额为160万元，本期实际发生额为100万元，所以不需要进行纳税调整。

3. 为职工承担的在职学历培训费用

一些企业以全额或部分报销学费的方式鼓励职工攻读在职学历教育，但在后续的税会处理上，许多财务人员将上述费用作为职工教育经费中的培训费全额在企业所得税前扣除，忽略了代扣代缴个人所得税的义务。2006年，财政部联合多部门印发的《关于企业职工教育经费提取与使用管理的意见》(财建〔2006〕317号)第三条第九款明确："企业职工参加社会上的学历教育以及个人为取得学位而参加的在职教育，所需费用应由个人承担，不能挤占企业的职工教育培训经费。"职工在职学历教育支出属于"应由个人自行承担的费用"。

但是上述规定仅适用于国有及国有控股企业，要求其他企业参照执行《财政部关于企业加强职工福利费财务管理的通知》(财企〔2009〕242号)第三条规定，按照《企业财务通则》第四十六条规定，应当由个人承担的有关支出，企业不得作为职工福利费开支。而对于不受《企业财务通则》约束的其他企业，其将这部分费用记入"职工福利费"科目中代扣代缴个人所得税。

综上所述，在对企业费用列支的涉税风险控制上，财会人员不能孤立地对单一税种的规定进行分析，而应通盘考虑多税种关联可能产生的复合型风险；对于职工所发生费用报销的合规性，也不能仅凭经验和惯例草率处理，而应遵照会计原则中"实质重于形式"的要求，分析费用发生的原因与目的，从而做出合理的职业判断。

第五节

工会经费如何管控

一、工会经费管控办法

随着经济发展和会员工资水平的提高,以及工会经费税务代收、财政划拨、自收经费等工作的深入推进,工会组织数量和工会会员人数在逐年增多,工会经费收缴数额保持持续的稳步增长,工会经费的财力和物力进一步提高,这为工会各项工作的顺利施行和工运事业的发展,做出强有力的物质保障。

为了提高工会经费管理水平,尽最大可能实现工会维护职工合法权益的目的,履行好维护职能、建设职能、参与职能和教育职能这四项工会的基本职能,必须进一步完善工会经费管理制度和组织建设、加强业务学习和监管、严格执行内控制度、构建绩效评价体系。工会经费的管控工作主要有预算管理、内部控制、经费审查监督等。

1. 工会经费收支

根据《中华人民共和国工会法》(以下简称《工会法》)的规定，工会经费的来源包括五个方面：工会会员缴纳的会费，建立工会组织的企业、事业单位、机关按每月全部职工工资总额的百分之二向工会拨缴的经费，工会所属的企业、事业单位上缴的收入，人民政府的补助，其他收入。其中，企业、事业单位、机关按每月全部职工工资总额的百分之二向工会拨缴的经费是企业工会活动经费的最主要来源。工会经费是工会组织开展各项活动所需要的费用。工会经费的开支秉承着克俭原则，将经费运用的核心确定在保障员工权利、关心员工生活与组织工会活动等项目上。

2. 工会经费预算管理

企业要完善工会经费的预算管理。工会预算管理办法必须将各项收入、支出全部纳入预算管理。预算编制按照"收支均衡、重心突出、客观合规、节约高效、量入为出"的总原则，细化预算内容。基本支出执行定员定额标准，项目支出坚持勤俭高效、科学合理，经费支出遵循先有预算、后有支出的原则。各项支出在预算范围内，经批准后方可办理，不得先支出后报告，严禁无预算、超预算支出。同时，企业要做到三个严禁，即严禁向下摊派、转嫁支出；严禁虚列支出、转移或者套取预算资金；严禁设立"小金库"，严格控制预算外支出。

二、工会经费的税务处理

1. 工会经费企业所得税的税前扣除限额标准

《企业所得税法实施条例》第四十一条规定，企业拨缴的工会经费，不超过工资薪金总额 2% 的部分，准予扣除。工会经费税前扣除要满足如下两个条件。

第一，在合理的工资总额 2% 之内的部分。工资薪金包括但不限于基本工资、奖金、津贴、补贴、年终加薪、加班工资，以及与员工任职或者受雇有关的其他支出。

第二，必须提供工会经费收入专用收据或税务部门代收的有效凭证。《企业所得税法》对工资、薪金支出实行据实扣除制度，同时与《工会法》的有关规定衔接。企业所得税税前扣除工会经费必须遵循收付实现制原则，即准予税前扣除的工会经费必须是企业已经实际发生的部分，对于账面已经计提但未实际发生的工会经费，不得在纳税年度内税前扣除。如果企业工会经费的实际发生数、账面计提数以及扣除限额数三者不一致，应按孰低的原则确定税前准予扣除的工会经费，账面计提超过扣除限额的部分应调增应纳税所得额。

工会经费税前扣除的有效凭证及应注意的问题如下。

（1）提取的工会经费必须上缴工会组织，并取得合法有效的凭据，否则不得扣除。合法有效的凭据指的是《工会经费收入专用收据》或工会经费税务代收凭据。值得注意的是工会经费税前扣除的有效凭证不是凭发票，而是凭拨缴的合法、有效的工会经费代收凭据，其应包括各级工会交由税务机关使用的《工会经费（筹备金）专用缴款书》（用于银行转账）、《工会经费（筹备金）专用缴款凭证》（用于收取现金）、《代收工会经费通用缴款书》和《中华人民共和国专用税收缴款书》等相关扣缴凭证，也就是说，企业可凭上述凭证进行税前扣除。

《国家税务总局关于工会经费企业所得税税前扣除凭据问题的公告》（国家税务总局公告2010年第24号）规定，凭工会组织开具的《工会经费收入专用收据》在企业所得税前扣除。《国家税务总局关于税务机关代收工会经费企业所得税税前扣除凭据问题的公告》（国家税务总局公告2011年第30号）规定，自2010年1月1日起，在委托税务机关代收工会经费的地区，企业拨缴的工会经费，也可凭合法、有效的工会经费代收凭据依法在税前扣除。目前，最常见的也是由税务机关代征工会经费的情况，按照拨缴给工会组织的40%代征，即按照工资薪金总额的2%计提的工会经费，40%由税务机关代征后转交工会组织，60%由企业留存划转本单位工会组织。这种情况下，虽然没有全额实际拨缴，但这种方式是经代征机关、工会组织和企业三方协商认可的，也可以按照规定进行税前扣除。

（2）值得关注的其他问题如下。

首先，企业应建有工会组织，因为没有工会组织，就无从谈起工会经费。其次，遵循权责发生制原则，当期扣除的工会经费，只能是当期拨缴当期的工会经费，当期拨缴以前期间或以后期间的工会经费，不能在当期扣除。最后，企业对工会经费的使用与企业所得税并无直接关系，但与个人所得税相关，因此企业应在合理范围内列支工会经费，符合个税征税条件的，企业应履行代扣代缴义务。

2. 工会经费的税会差异及纳税调增

（1）"只计提不上缴"不能税前扣除带来的税会差异。准予税前扣除的工会经费必须是企业已经实际"拨缴"的部分，对于账面已经计提但未实际"拨缴"的工会经费，不得在纳税年度内税前扣除。如果只是会计上进行了计提，但并未进行"拨缴"，即便是企业已经以"工会经费"的名义进行开支，也不能进行税前扣除。因此，不符合"实际拨缴"规定而计提（或实际支出）的工会经费，在所得税申报时应做应纳税所得额调增。

（2）金额不超过工资薪金总额的2%的税会差异。一是工会经费的扣除有比例限制，企业所得税前扣除的工会经费必须在工资薪金总额2%以内；如果拨缴比例超限，超过比例部分在所得税申报时应调增应纳税所得额。二是企业在计提工会经费的扣除限额时，要特别注意计税基数的确定，工会经费的计税基数为工资薪金总额。这里所说的"工资薪金总额"，是指企业实际发生的，并且允许税前扣除的工资薪金总额，而不是工资薪金的提取数总额，也不是企业发放的工资薪金总额。

【例2-12】A企业在填报2020年度企业所得税申报表时，经账务清理发现以下两笔业务涉及纳税调整。业务一：A企业2020年"应付职工薪酬——工资薪金"贷方发生额为 4 000 万元；"工资薪金"实际支出且可以税前扣除金额为 3 850 万元。业务二：A 企业 2020 年工会经费发生额为 100 万元，发生额系税务局代收而缴纳的工会经费 95 万元，取得《中华人民共和国专用税收缴款书》；另外 5 万元是企业开展工会活动支出，企业工会未出具《工会经费收入专用收据》。问 A 企业 2020 年度工会经费支出涉及的纳税调整及填报情况。

首先，确定扣除限额：A 企业 2020 年度"工资薪金"实际支出且可以税前扣除金额为 77 万元（3 850×2%）；实际拨缴且取得"合法、有效的税前扣除凭据"是税务局代收而缴纳的工会经费 95 万元；另外 5 万元是企业开展工会活动支出，企业工会未出具《工会经费收入专用收据》，不得在企业所得税前扣除。因此，A 企业可以税前扣除的金额为 77 万元，应当纳税调增金额为 23 万元。

【例 2-13】B 企业是一家工业企业。2020 年度有几名员工离职，B 企业支付给离职员工一笔经济补偿金。那么 B 企业支付的这部分补偿金是否可以作为工会经费的计提基数？

根据《企业所得税法》第八条和《企业所得税法实施条例》第二十七条、第三十三条和第三十四条以及《国家税务总局关于企业工资薪金及职工福利费扣除问题的通知（国税函〔2009〕3 号）》第二条等文件的规定，企业因解除劳动关系向职工支付的经济补偿、生活补助等会计核算作为辞退福利，属于与取得收入有关的支出，可以在企业所得税税前直接扣除。但不作为工资薪金税前扣除，也不作为三费（职工福利费、工会经费、教育经费）的计提基数。因此，B 企业向几名离职员工支付的这部分补偿金不能作为工会经费的计提基数。

对于工会经费，在管控方面要有合理的工会经费收支、完善工会经费的预算管理，以及企业内部控制制度；在税务处理方面要注意工会经费的计税基数，税前扣除限额标准以及在实务中要把握何为合法有效的凭证。

第三章

研发费用管控与税务处理

为了巩固您对本章内容的理解,便于今后工作中的应用,达到学以致用的目的,我们录制了视频课程,您可以扫描下面的二维码进行观看。

第一节

会计中的资本化与费用化

随着时代的发展与科技的进步，各行各业在产品创新、生产工艺等方面都有了质的飞跃，企业研发费用投入也随之明显增加。研究与开发活动是企业拥有核心技术和实现产品升级的根本途径，也是国家提升自身创新能力和科技竞争实力的重要保障。研发是企业发展的不竭动力。企业注重研发活动，可以增强企业的内在实力，提高企业的竞争力，只有这样，企业才能不断地发展壮大，进而促进我国经济的飞速发展。在产业政策、财税政策上，国家对企业的研发活动给予了充分的支持。

一、研发费用筛选及管理对策

加强研发项目的立项调研、筛选工作，对确保研发项目的成功、降低失败风险有着至关重要的影响。企业的研发设计对企业整体支出有着间接的影响，因此研发设计方案的筛选工作对企业研发费用支出起着决定性作用。企业启动研发项目需要投入大量的资本，所以研发成本比较高。研发项目一旦失败，企业不仅损失了在此项目上所花费的费用，同时也损失了因投资此项研发项目而放弃投资其他研发项目所带来的收益。选择研发项目时必须要考虑如下三点内容。

（1）新项目开展的必要性，具体包括项目预期给企业带来多少收益，是否符合未来市场需求，如果项目取消对企业利润产生的影响，如果该研发项目已经对外公告还要考虑社会影响。

（2）研发项目的经济性，即计算研发项目的成本与收益，以减少研发费用的不必要花费。具体包括预测销售收入、投资回收期和风险与损失的估计。企业对每个研发项目都有相应的投资期望，只有达到企业的投资期望才有可能进入开发阶段。

（3）企业现有技术能否满足新产品投产。研发某些项目的目的是使新产品投产上市，这种情况需要考虑：首先，是否可以充分利用现有设备；其次，能否与现有生产线配合，是否需要引进技术；最后，要考察企业研发项目的开始和完成时间，企业研发项目的开始与完成时间越短，所支付的研发费用就越少。因此，企业考察研发项目的时间，以短时间、高效益为目标。

企业的研发费用高，从短期角度看，研发成败对利润产生影响，从长期角度看，企业的研发能力对企业的未来发展起着决定性的作用。然而在研发活动中依然存在很多问题，具体如下。

第一，立项管理不严谨，研发周期较长可能会产生若干不利影响，如增加研发费用和风险、失去市场价值等。

第二，企业管理人员的重视程度不够。很多企业的管理者不愿意在研发上投入过多的精力，他们认为一旦研发失败会给企业经营带来很大的风险。

第三，对研发活动统筹考虑不周并且缺乏核心竞争力。技术人员关心产品本身的技术活动，而对产品进行升级换代的依据是销售人员反馈产品售后情况，因此研发活动与市场需求方向相背离。

第四，企业对行业、国家政策理解不透彻。例如，企业的财务人员对国家的财税政策理解不够充分，导致很多优惠政策没有享受。

我们基于研发活动对企业的重要性以及研发活动中的问题，提出了管理对策和建议。

（1）强化研发活动的立项管理。要做好市场调研，研发人员应面向市场，充分考虑行业、市场的动态，不仅要接收销售人员对产品的售后反馈，还要充分结合市场需求变化，从不同的方面和角度思考问题。同时针对不同的产品需求做好分析工作，从整体上把握行业的发展趋势。另外，技术部门要加强与财务部门的沟通，严格区分研究阶段、开发阶段，细化研发活动支出项目。

（2）提高管理人员的重视程度，鼓励研发并且积极参与，及时了解研发的进度。首先要对研发活动进行独立的归集核算，其次定期召开研发活动的推进会议，汇报当前研发活动的支出情况，最后要对产出情况进行客观分析，结合产品的营业收入情况进行理性分析。

（3）完善相关的考核机制提高员工素质。在企业的研发活动中，核心团队、关键人员对研发活动的成功与否起着决定性作用。因此，要出台各项措施提高员工的积极性，适当地引进股权激励机制。例如，给予研发人员一定的企业股权，激发员工的创造热情；加强人力资源管理建设，对员工进行定期培训，提升其技能，拓展其视野。这不仅是对员工个人综合素质的提升，也对企业的发展起着至关重要的作用。

（4）加强管理，充分享受国家产业、财税政策支持。国家出台了很多优惠措施，鼓励企业搞研发创新活动，对企业研发活动进行大力支持。企业的经营管理人员特别是企业的财务人员要弄懂吃透财税政策，细化财税申报资料的整理工作，优化财税申报的流程，使企业充分享受财税优惠，从而减轻企业税收负担。

二、研发费用资本化与支出费用化

《企业会计准则第6号——无形资产》规定，企业内部研究开发项目的支出，应当区分研究阶段支出与开发阶段支出。研究阶段发生的支出，应于发生时计入当期损益；开发阶段的支出，只有同时满足下列五个条件，才能确认为无形资产。（1）完成该无形资产以使其能够使用或出售在技术上具有可行性；（2）具有完成该无形资产并使用或出售的意图；（3）无形资产产生经济利益的方式，包括能证明运用该无形资产生产的产品存在市场或无形资产自身存在市场，无形资产将在内部使用的，应当证明其有用性；（4）有足够的技术、财务资源和其他资源支持,以完成该无形资产的开发,并有能力使用或出售该无形资产;(5)归属于该无形资产开发阶段的支出能够可靠地计量。如果有相关的证明资料作为支撑,那么可以将开发阶段的支出确认为无形资产。企业的研发活动往往是非常复杂的,没有标准化的模式可以参考借鉴,通常情况下,归集核算研发费用属于研发支出的后端处理,一些研发成果是费用化还是资本化对于财务人员来说,仅仅凭借企业会计准则的定义是很难对研发费用会计处理做出正确判断的。这样会导致企业的经营核算不准确,以及企业的研发活动投入产出分析工作所依赖的数据不准确,进而影响企业的分析决策。

研发费用是划入研究阶段还是划入开发阶段,我们需要秉承谨慎性的原则。如果企业处于开发阶段,则首先将该类项目的预定可使用状态与企业会计准则中规定的企业研究开发支出可资本化的五个条件相结合,并且需要会计人员的职业判断。判断存在一定的主观性,因此对企业会计人员提出了更高的要求,在谨慎估计研发项目技术的可行性、研发成果未来给企业带来经济利益流入的可能性及经济利益流入的大小、进行后续研究开发是否有足够的技术支持、财务支持等后,对一项具体的研发费用是否资本化进行判断。

无形资产的取得方式一般分为从外部取得的无形资产和自创无形资产两种(见图3-1)。

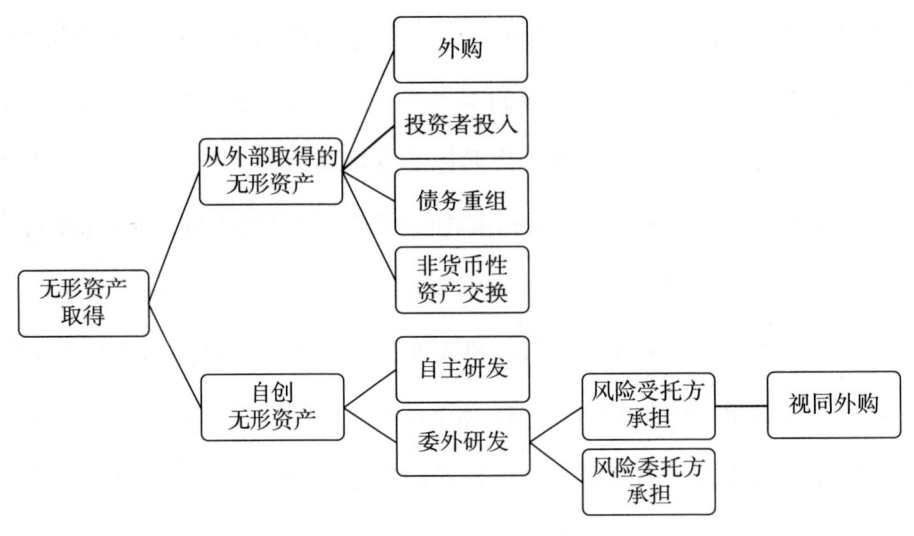

图 3-1　无形资产的取得方式

从外部取得的无形资产又可分为外购的无形资产、投资者投入的无形资产、债务重组取得的无形资产和非货币性资产交换取得的无形资产。外部取得的无形资产价值很容易确定，即根据交易金额来进行。此外，外部取得的无形资产不存在研发费用资本化问题。自创无形资产是指企业自行研究开发取得的无形资产，如企业自行研究开发的专利权、非专利技术等。当自创无形资产实行劳务外包时，则需要先根据研发过程中的相关风险和报酬的主要承担者不同，来认定该行为的会计主体。将与研究开发项目相关的生产商品、提供劳务等活动以支付酬金的方式委托给他人的生产方式称为研发劳务外包。外包研发劳务的支出不能同外购无形资产的支出一样直接计入产品的生产成本，应根据外包合同中关于研发过程中相关风险和报酬的承担情况、研发成果所有权的主要风险和报酬的归属情况进一步分为由委托方承担风险和报酬的研发劳务外包与由受托方承担风险和报酬的研发劳务外包。若研发过程中相关风险和报酬由委托方承担，即企业承担研究开发的一切风险和报酬，其经济实质等同于企业自行研究开发，企业进行会计处理时视同自创无形资产支出进行会计处理；若研发过程中相关风险和报酬由受托方承担，此时由于企业不承担相应的风险和报酬，相关风险和报酬均转移给受托方，其经济实质等同于受托方研发成功后再出售给企业，企业进行会计处理时视同企业外购无形资产进行会计处理。

企业应当在研究开发支出实际发生时，以当时的市场环境、企业制定的与研究开发相关的制度及其他所有可获取的真实、可靠的信息为基础，判断该支出是否满足资本化条件，即在研究开发支出发生时所处大环境的背景下，对该研发项目未来能否研发成功、能否为企业带来经济利益的流入做出谨慎的会计估计。企业进行会计估计应当以发生当时的状况和企业可获得的、真实的、可靠的信息为基础，不应因后发生的、对会计估计产生影响的事项而调整前期已做出的、在当时环境下是合理的会计估计。

需要说明的是，内部开发无形资产的成本仅包括在满足资本化条件的时点至无形资产达到预定用途前发生的支出总和，对于同一项无形资产在开发过程中达到资本化条件之前已经费用化计入当期损益的支出不再进行调整。

第二节 研发费用税前加计扣除范围

一、不同企业对政策激励效果的影响

1. 企业研发投入与加计扣除政策激励效果

从创新成本的角度来看，政府征税会提高企业研发税后资本使用成本，因此税收优惠是政府常见的创新驱动手段。加计扣除政策作为应税抵扣的税收优惠形式，一般以企业创新投入为前提，政府在继续征税的前提下，计算企业应纳税所得额时，加计扣除研发费用，这样可以降低企业应纳税所得额，从而有助于企业节约当期的经营现金流量，间接增加资本供给量，鼓励企业进行研发。加计扣除政策对企业研发投入具有激励作用。

2. 企业规模与加计扣除政策激励效果

企业研发活动相比其他投资活动的风险要大,很多企业不愿意进行研发投资,而加计扣除政策降低了研发投资成本,从而降低了企业研发风险。规模较大的企业通常具有更完善的研发管理流程,能负担巨额研发费用并承担研发风险,而规模小的企业研发失败的风险承担能力相对较弱。因此,从降低研发风险的角度来看,加计扣除政策对规模小的企业研发风险降低程度和研发投入的促进效果可能更明显。

3. 企业生命周期与加计扣除政策激励效果

处于生命周期不同阶段的企业的研发投入的动机和资金来源不同。初创期的企业面临市场进入障碍,必须加大创新投入力度,突出产品的差异性,以获得一定的市场份额,其研发资金主要来源于风险投资。处于成长期的企业已具有一定的资源基础和生产规模,但企业扩张导致的资源不足可能制约企业研发投入。处于成长期的上市公司具有较大的权益融资优势,可以从资本市场获得大量的权益资金用于研发,并不会过分依赖加计扣除政策"事后补助"。处于成熟期或衰退期的企业,资本积累逐渐雄厚,但资本收益降低,利润空间逐步缩小,面临成长极限,较难获得大量权益资金,难以在有限的盈利空间内进一步提高创新投入。

二、税前加计扣除范围

根据《财政部 国家税务总局 科技部关于完善研究开发费用税前加计扣除政策的通知》(财税〔2015〕119号)及《国家税务总局关于企业研究开发费用税前加计扣除政策有关问题的公告》(国家税务总局公告2015年第97号)等文件的规定,研发费用加计扣除税前扣除范围包括以下内容。

(1)人员人工费用。人员人工费用包括直接从事研发活动人员的工资薪金、基本养老保险费、基本医疗保险费、失业保险费、工伤保险费、生育保险费和住房公积金,以及外聘研发人员的劳务费用。企业直接从事研发活动人员包括研究人员、技术人员、辅助人员。研发人员是指主要从事研究开发项目的专业人员;技术人员是指具有工程技术、自然科学和生命科学中一个或一个以上领域的技术知识和经验,在研究人员指导下参与研发工作的人员;辅助人员是指参与研究开发活动的技工。

接受劳务派遣的企业按照协议(合同)约定支付给劳务派遣企业,且由劳务派遣企业实际支付给外聘研发人员的工资薪金等费用,属于外聘研发人员的劳务费用。

直接从事研发活动人员、外聘研发人员同时从事非研发活动的,企业应对其人员活动情况做必要记录,并将其实际发生的相关费用按实际工时占比等合理方法在研发费用和生产经营费用间分配,未分配的不得加计扣除。

(2)直接投入费用包括直接消耗的材料、燃料和动力费用等。以经营租赁方式租入的用于研发活动的仪器、设备，同时用于非研发活动的，企业应对其仪器设备使用情况做必要记录，并将其实际发生的租赁费按实际工时占比等合理方法在研发费用和生产经营费用间分配，未分配的不得加计扣除。

企业研发活动直接形成产品或作为组成部分形成的产品对外销售的，研发费用中对应的材料费用不得加计扣除。

产品销售与对应的材料费用发生在不同纳税年度且材料费用已计入研发费的，可在销售当年以对应的材料费发生额直接冲减当年的研发费用，不足冲减的，结转以后年度继续冲减。

【例3-1】A公司（非制造业企业）2021年度以经营租赁方式租入一台用于新产品研发活动的检测设备，该设备同时也用于自产产品日常入库检测。试分析A公司税前加计扣除范围。

A公司在申报2021年度企业所得税应纳税所得额时要注意，以经营租赁方式租入的用于研发活动的仪器，同时用于非研发活动的，应对该仪器设备的使用情况做必要记录，并将其实际发生的租赁费按实际工时占比等合理方法在研发费用和生产经营费用间分配，其中分配至研发费用的部分，可按75%做加计扣除。如果实际发生的租赁费未在研发费用和生产经营费用间分配，不得加计扣除。

【例3-2】天星公司（非制造业企业）于2021年进行了某研发活动，并将研发活动中形成的产品对外销售。试分析天星公司税前加计扣除范围。

天星公司进行研发活动形成的产品所对应的材料费不应加计扣除。根据相关规定，企业在研发时形成的产品或作为组成部分形成的产品对外销售的，研发费用中对应的材料费用不得加计扣除。

（3）折旧费用。折旧费用是指用于研发活动的仪器、设备的折旧费。用于研发活动的仪器、设备，同时用于非研发活动的，企业应对这些仪器、设备的使用情况做必要记录，并将其实际发生的折旧费按实际工时占比等合理方法在研发费用和生产经营费用间分配，未分配的不得加计扣除。

企业用于研发活动的仪器、设备符合税法规定且选择加速折旧优惠政策的，在享受研发费税前加计扣除政策时，就税前扣除的折旧部分计算加计扣除。

需要注意的是允许加计扣除的研发费用，不包括不动产的折旧费。

【例3-3】2021年，天星公司（非制造业企业）购入5台相同设备专门用于研发，每台设备的单价为120万元，合计600万元。试分析天星公司税前加计扣除范围。

天星公司将上述支出一次性在税前扣除。根据相关规定，企业在2019年1月1日至2023年12月31日期间新购进的设备、器具，单位价值不超过500万元的，允许一次性计入当期成本费用在计算应纳税所得额时扣除，不再分年度计算折旧。这里所说的设备、器具，是指除房屋、建筑物以外的固定资产。企业用于研发活动的仪器、设备，可以享受研发费用税前加计扣除政策，即税前扣除的折旧部分的600万元按照75%加计扣除。

【例3-4】天海公司2021年12月为研发新药品而新建的实验室达到预定可使用状态，当月天海公司购买了一台用于研发活动的专用设备，两项固定资产于2022年开始计提折旧。试分析天海公司税前加计扣除范围。

天海公司用于研发活动的专用设备固定资产折旧可以加计扣除，但是新建的实验室不动产的折旧费用不得加计扣除,原因如下。

①用于研发活动的仪器、设备,同时用于非研发活动的,企业应对这些仪器、设备的使用情况做必要记录,并将其实际发生的折旧费按实际工时占比等合理方法在研发费用和生产经营费用间分配,未分配的不得加计扣除。

②企业用于研发活动的仪器、设备,符合税法规定且选择加速折旧优惠政策的,在享受研发费用税前加计扣除政策时,就税前扣除的折旧部分计算加计扣除。

③允许加计扣除的研发费用所包含的折旧费用,不包括不动产的折旧费。

(4)无形资产的摊销费用。用于研发活动的无形资产,同时用于非研发活动的,企业应对这些无形资产的使用情况做必要记录,并将其实际发生的摊销费按实际工时占比等合理方法在研发费用和生产经营费用间分配,未分配的不得加计扣除。

用于研发活动的无形资产,符合税法规定且选择缩短摊销年限的,在享受研发费税前加计扣除政策时,就税前扣除的摊销部分计算加计扣除。

(5)新产品设计费、新工艺规程制定费、新药研制的临床试验费、勘探开发技术的现场试验费,是指企业在新产品设计、新工艺规程制定、新药研制的临床试验、勘探开发技术的现场试验过程中发生的与开展该项活动有关的各类费用。

(6)其他相关费用。其他相关费用是指与研发活动直接相关的其他费用,如技术图书资料费、资料翻译费、专家咨询费、高新科技研发保险费,研发成果的检索、分析、评议、论证、鉴定、评审、评估、验收费用，知识产权的申请费、注册费、代理费、差旅费、会议费、职工福利费、补充养老保险费、补充医疗保险费。需要注意的是，此类费用总额不得超过可加计扣除研发费用总额的10%。

【例3-5】黄海集团在2021年进行了某研发活动，该项目共发生研发费用100万元，其中与研发活动直接相关的其他费用共计12万元，该研发活动符合加计扣除的相关规定。试分析该项目允许加计扣除的研发费用为多少。

该项目其他相关费用限额为9.78万元[（100-12）÷（1-10%）×10%]，小于实际发生数12万元，则该项目允许加计扣除的研发费用应为97.78万元（100-12+9.78）。

（7）其他事项。

①企业取得的政府补助，会计处理时采用直接冲减研发费用方法且税务处理时未将其确认为应税收入的，应按冲减后的余额计算加计扣除金额。

【例3-6】A公司（制造业企业）于2021年收到政府补助200万元，当年用于研究开发某项目，研究阶段发生支出1 200万元，扣减政府补助后研发支出1 000万元。该政府补助满足不征税收入条件。试分析A公司本期可以加计扣除的金额。

企业取得作为不征税收入处理的财政性资金用于研发活动所形成的费用，不得扣除和计算加计扣除或摊销，本期可以加计扣除金额为1 000万元（1 000×100%）。

②企业取得研发过程中形成的下脚料、残次品、中间试制品等特殊收入，在计算确认收入当年的加计扣除研发费用时，应从已归集研发费用中

扣减该特殊收入，不足扣减的，加计扣除研发费用按零计算。

【例3-7】A公司（非制造业企业）2021年开展研发活动发生若干研究开发费（未形成无形资产），其中包括人员人工费用、直接消耗的材料等。A公司在2021年对外销售了上述研发过程中直接形成的部分试制品。试分析A公司研发费用的加计扣除范围。

A公司对外销售了部分试制品，其不能享受研发费用加计扣除政策。根据相关规定，研发活动直接形成产品或作为组成部分形成的产品对外销售的，研发费用中对应的材料费用不应加计扣除；研发费用未形成无形资产的，在按照规定据实扣除的基础上，应再按研发费用的75%加计扣除。

③企业开展研发活动中实际发生的研发费用形成无形资产的，其资本化的时点与会计处理保持一致。

④失败的研发活动所发生的研发费用可享受税前加计扣除政策。

【例3-8】A公司（制造业企业）2021年度自主研发项目，项目共计支出200万元，但是最终项目研发失败。试分析A公司研发费用的加计扣除范围。

A公司2021年度自主研发项目可以加计扣除的金额为200万元。因为失败的研发活动所发生的研发费用依然可享受税前加计扣除政策。

⑤《国家税务总局关于企业研究开发费用税前加计扣除政策有关问题的公告》（国家税务总局公告2015年第97号）第三条所称研发活动发生费用，是指委托方实际支付给受托方的费用。无论委托方是否享受研发费用税前加计扣除政策，受托方均不得加计扣除。

委托方委托关联方开展研发活动的，受托方需向委托方提供研发过程中实际发生的研发项目费用支出明细情况。

第三节 税收优惠研发费用"加计"扣除标准

2013年以来,为加快推进创新型国家建设,充分发挥科技对经济社会发展的支撑引领作用,研发费用加计扣除领域改革频出,政策优惠力度逐步加大。改革重点主要表现为适用范围的扩大、立法层级的提升、费用归集口径的拓宽,以及加计扣除比例的提高。这些改革体现了国家对企业的扶持力度不断提升,并在激励企业增加研发投入、促进企业技术创新等方面发挥了重要作用。

2015年《财政部 国家税务总局 科技部关于完善研究开发费用税前加计扣除政策的通知》(财税〔2015〕119号)对前期文件进行了整合,进一步放宽了科技部享受优惠的企业研发活动及研发费用范围,除规定不宜适用加计扣除的活动和行业外,企业发生的研发支出均可享受加计扣除优惠,同时简化了对研发费用的归集和核算管理,减少了申报审核的程序,使政策的普惠性显著增强。2017年《财政部 国家税务总局 科技部关于提高科技型中小企业研究开发费用税前加计扣除比例的通知》

（财税〔2017〕34号）提高了科技型中小企业研发费用支出的加计扣除比例，由之前的50%上调至75%（无形资产摊销比例由150%提高至175%），为期两年。2018年《财政部 国家税务总局 科技部关于提高研究开发费用税前加计扣除比例的通知》（财税〔2018〕99号）将2017年政策适用范围进一步扩大至除少部分不适用行业外的所有企业，适用期间确定为2018年1月1日至2020年12月31日，后延期至2023年12月31日。根据2021年3月24日国务院常务会议决定，财政部和国家税务总局于2021年3月31日下发通知，将制造业企业研发费用加计扣除比例由75%提高至100%，同时调整清缴核算方式，允许企业自主选择按半年享受加计扣除优惠。

对于上述文件，我们做了进一步梳理，具体如表3-1所示。

表3-1 研发费用加计扣除政策文件及主要内容

政策阶段	政策文件	主要内容
研发费用加计扣除政策初步确立（1996—2002年）	《中共中央国务院关于加速科学技术进步的决定》（1996年） 《财政部 国家税务总局关于促进企业技术进步有关财务税收问题的通知》（财工字〔1996〕41号） 《国家税务总局关于促进企业技术进步有关税收问题的补充通知》（国税发〔1996〕152号）	首次就研发费用税前加计扣除问题进行了明确，对相关政策执行口径进行了细化。适用企业类型：国有、集体工业企业。适用支出范围：研究开发新产品、新技术、新工艺所发生的各项费用，增长幅度在10%以上。申报流程：经主管税务机关审核批准。加计扣除比例：50%

（续表）

政策阶段	政策文件	主要内容
研发费用加计扣除政策享受主体逐步扩大（2003—2007年）	《财政部 国家税务总局关于扩大企业技术开发费加计扣除政策适用范围的通知》（财税〔2003〕244号） 《国家税务总局关于做好已取消和下放管理的企业所得税审批项目后续管理工作的通知》（国税发〔2004〕82号） 《财政部 国家税务总局关于企业技术创新有关企业所得税优惠政策的通知》（财税〔2006〕88号）	适用企业范围逐步扩大至各种所有制工业企业、内外资企业、科研机构、大专院校。申报流程上，取消主管税务机关审批核准制，改由纳税人自主申报扣除
研发费用加计扣除政策逐步系统化（2008—2012年）	《中华人民共和国企业所得税法》（2008年） 《企业研究开发费用税前扣除管理办法（试行）》（国税发〔2008〕116号） 《国家税务总局关于企业所得税若干税务事项衔接问题的通知》（国税函〔2009〕98号）	将研发费用加计扣除优惠政策以法律形式予以确认。对之前颁布的各类研发费用加计扣除政策做出了系统而详细的规定，明确了新旧税法衔接问题
研发费用加计扣除政策适用范围逐渐扩大且核算申报不断简化（2013年至今）	《财政部 国家税务总局关于研究开发费税前加计扣除有关政策问题的通知》（财税〔2013〕70号） 《财政部 国家税务总局 科技部关于完善研究开发费用税前加计扣除政策的通知》（财税〔2015〕119号） 《国家税务总局关于企业研究开发费用税前加计扣除政策有关问题的公告》（国家税务总局公告2015年第97号） 《财政部 国家税务总局 科技部关于提高科技型中小企业研究开发费用税前加计扣除比例的通知》（财税〔2017〕34号） 《财政部 国家税务总局 科技部关于提高研究开发费用税前加计扣除比例的通知》（财税〔2018〕99号） 《财政部 税务总局关于进一步完善研发费用税前加计扣除政策的公告》（财政部 税务总局公告2021年第13号）	放宽了享受优惠的企业研发活动及研发费用范围，简化了对研发费用的归集和核算管理，减少了申报审核程序，降低了企业享受政策优惠门槛。将研发费用加计扣除比例由50%提高到75%。2021年1月1日起，制造业企业加计扣除比例进一步提高至100%

一、委托研发加计扣除

研发费用实际发生额应按照独立交易原则确定。委托研发加计扣除一般是依据委托方向受托方支付委托研发费用时取得的发票。委托方支付的研发费用中既包括受托方的研发支出，也包括受托方的利润，受托方的利润不应享受加计扣除，故有按80%计算的规定。受托研发利润属于受托方的商业机密，委托方无法核实其真实性，风险全在委托方。当双方存在关联关系时，受托方应向委托方提供研发支出明细，而受托方提供资料的真实性却难以保证，税务机关如果不进行延伸检查，就无法辨别其真实性。另外，委托方税务机关在核查时还会受行政管辖权的限制。

【例3-9】 2021年6月甲企业（非制造业企业）境内自行研发产生的研发费用为2 400万元；委托关联企业进行研发，支付研发费用1 600万元，已经收到关联企业关于研发费用支出明细报告。试分析甲企业允许加计扣除的研发费用基数为多少。

甲企业允许加计扣除的研发费用基数为3 680万元（2 400+1 600×80%）。

【例3-10】 A公司（非制造业企业）2021年度发生的研发费用共计200万元，其中自主研发活动的研发费用为100万元，委托一家境内非关联公司进行一项研发活动所发生的研发费用为100万元，由于该研发活动尚处于研究阶段，A公司将其全部计入当期损益。试分析A公司可以加计扣除的金额。

A公司在申报2021年度企业所得税应纳税所得额时，将自主研发的100万元研究费用做了全额税前扣除，并按照100万元的75%做了加计扣除，可以加计扣除的金额为75万元（100×75%）。

A公司委托境内外部机构进行研发活动发生的研发费用100万元可以做全额税前扣除，按照费用实际发生额的80%计入A公司研发费用扣除基数，并计算加计扣除，可以加计扣除的金额为60万元（100×80%×75%）。

【例3-11】A公司（制造业企业）2021年委托其关联公司B公司进行研发，A公司研发支出100万元，B公司实际发生研发费用90万元（其中按可加计扣除口径归集的费用为85万元），利润为10万元。该研发符合研发费用加计扣除的相关条件。试分析A公司可加计扣除的金额。

B公司应向A公司提供实际发生研发费用90万元的支出明细，A公司可加计扣除的金额为80万元（100×80%）。

这里要注意，委托方委托关联方开展研发活动的，受托方需向委托方提供研发过程中实际发生的研发项目费用支出明细情况。

二、委外研发

随着我国经济的持续快速发展，企业的生产布局和销售市场也日趋全球化，委托境外机构进行研发创新活动也成为重要的形式。《财政部 税务

总局 科技部关于企业委托境外研究开发费用税前加计扣除有关政策问题的通知》(财税〔2018〕64号)明确了企业委托境外进行研发活动发生的研究开发费用企业所得税前加计扣除有关政策问题。委托境外进行研发活动所发生的费用,按照费用实际发生额的80%计入委托方的委托境外研发费用。委托境外研发费用不超过境内符合条件的研发费用三分之二的部分,可以按规定在企业所得税前加计扣除。

受托研发加计扣除方和限额如表3-2所示。

表3-2 受托研发加计扣除方和限额

受托研发类型	是否允许加计扣除	加计扣除方	加计扣除限额
境内机构	允许	委托方	按照费用实际发生额的80%计入委托方研发费用并计算加计扣除
境内个人	允许	委托方	
境外机构	允许	委托方	按照费用实际发生额的80%计入委托方的委托境外研发费用,不超过境内符合条件的研发费用三分之二的部分,可以按规定在企业所得税前加计扣除
境外个人	不允许	—	不得加计扣除

【例3-12】渤海集团(非制造业企业)2021年境内符合条件的研发费用为210万元,当年其委托境外研发费用为100万元。试分析渤海集团委托境外研发费用可以获得加计扣除的金额。

加计扣除基数80万元(100×80%)未超过210万元的2/3(即140万元),因此渤海集团委托境外研发费用可以获得加计扣除的金额为60万元(100×80%×75%)。

【例3-13】承【例3-12】假设渤海集团(非制造业企业)2021年境内

符合条件的研发费用为 90 万元,其委托境外研发费用加计扣除基数 80 万元(100×80%)超过了 90 万元的 2/3(即 60 万元),那么渤海集团委托境外研发费用可以获得加计扣除的金额为 45 万元(60×75%)。

按上述规定,假设当年渤海集团未发生境内研发活动费用,或其境内研发费用不符合规定条件,那么其当年委托境外研发费用也将无法加计扣除。

【例 3-14】A 公司(非制造业企业)2021 年度共有三项研发项目 A1、A2 和 A3。其中,A1 项目为自主研发项目,A2 项目委托境内科研所研发,A3 项目委托境外机构研发。A1 项目共计支出 200 万元,其中符合加计扣除条件的研发费为 165 万元;A2 项目委托境内某科研所研发,支付研发费用 50 万元,最终项目研发失败;A3 项目委托境外机构支付研发费用 280 万元。试分析 A 公司委托境外研发税前扣除金额。

委托境外进行研发活动所发生的费用,按照费用实际发生额的 80% 计入委托方的委托境外研发费用,委托境外研发费用不超过境内符合条件的研发费用 2/3 的部分,可以按规定在企业所得税前加计扣除。

委托境外机构的研发费用 =280×80%=224(万元)

计入委托方委托境外研发费用不超过境内符合条件的研发费用 2/3 部分 =(165+50×80%)×2/3=136.67(万元)

因此,委托境外税前扣除金额合计 =280+136.67×75%=382.50(万元)。

【例 3-15】天海公司(制造业企业)2021 年发生委托境外研发费用 100 万元,当年境内符合条件的自主研发费用为 110 万元。试分析天海公司委托境外研发税前加计扣除金额。

委托境外发生研发费用 100 万元的 80% 计入委托境外研发费用,即为 80 万元。当年境内符合条件的研发费用 110 万元的 2/3 的部分为 73.33 万元。委托境外研发费用不超过境内符合条件的研发费用 2/3 的部分即为 73.33 万元可以加计扣除,因此最终委托境外研发费用 73.33 万元可以按规定适用加计扣除政策。可以税前加计扣除的金额为 183.33 万元(73.33+110)。

第四章

销售费用管控与税务处理

为了巩固您对本章内容的理解，便于今后工作中的应用，达到学以致用的目的，我们录制了视频课程，您可以扫描下面的二维码进行观看。

费用管理是现代企业经营管理过程中需要重点考虑的问题。优化费用管理，将费用水平降到最低，以最少的资源换取更多的经济效益，是有所企业追求的目标。

期间费用是企业在经营管理和业务发展过程中所产生的重要费用类型之一，其直接对企业的经营效益产生重大影响。做好期间费用的管控，是企业提升综合经营效益的必要途径之一。从期间费用的构成来看，企业要做好期间费用的管控工作，主要从财务费用、管理费用和销售费用三大费用方面着手，通过资本结构的优化来管控财务费用，通过精细化管理来管控管理费用，通过收入匹配来管控销售费用，最终实现企业期间费用的良好管控，为企业取得更好的经营效益奠定坚实的基础。

本章主要介绍企业的销售费用。要控制好销售费用，必须注重边际效益，强化收入匹配。首先应当正确理解边际递减效应。企业在销售的初始阶段，通过线性地增加销售费用，如加强推销、加大广告宣传力度等，能够在短期内提升企业的销售业务，但是随着企业产品进入到成熟期或者稳定期后，单位销售费用增加所能够带来的销售增长会逐步下降。

其次，应该基于边际递减效应合理增减销售费用，不断优化销售费用结构，针对不同阶段的市场特点来执行不同的销售方式，进而调整销售费用结构。例如，在人工智能和大数据技术发展迅速的当今，一些销售型企业可以适时采用VR等先进技术手段，为消费者提供全新的在线浏览服务体验。又如美妆企业的在线试妆、房地产销售企业的在线看房、服装企业的在线试装等，都能够从另一个维度来持续增加企业产品的曝光度。再如，企业可以通过数据分析用户习惯，向目标客户推荐适合的产品，做到精准营销。

最后，企业应当在销售费用控制的过程中强调费用与收入的匹配性原则。也就是说，除特殊情况外，企业的销售费用的增长率整体上应不高于销售收入的增长率，只有满足这个基本条件，企业的经营利润才能够得到持续增加。由此可见，企业的销售费用控制并不是一定要尽可能地降低销售费用，销售费用的绝对数字并没有实际的管理意义，而对于企业销售收入的相对值才更有价值。

第一节

广告费和业务宣传费

一、广告费和业务宣传费会计处理

现今各国会计准则均做出规定将广告费用计入当期损益。我国企业会计准则由于国际化趋同,同样要求将广告费用支出计入销售费用列示在企业利润表中。由于现在企业经营活动规模大,导致广告费用支出也是水涨船高。广告费用作为一种持续性长且收益递延的支出,仅凭现行准则简单地将广告费用(不区分性质的不同)全部计入销售费用,会导致这部分广告费用的真实经济实质被错误估计,从而导致利益相关者在对企业进行评估时不能得到科学的评估结果。

有些学者认为,广告费用可以根据性质不同,通过将原本计入销售费用的广告费用支出在合理范围内转入资本化。广告费用支出同时具有长期性与短期性，即单纯地以宣传产品为目的所投入的广告具有短期性，而以树立产品品牌形象来提高企业未来经济效益所投入的广告具有长期性。企业投入大量广告的真实目的在于建立或提升品牌价值，为企业带来未来经济利益流入。

广告费用会对企业的财务和经营产生长期性影响，第一，从企业内部角度来看，广告费用的投入与企业品牌价值关联紧密，它强化了企业品牌价值，品牌资产价值随之又提升了企业绩效。第二，从外部市场角度来看，广告费用为企业品牌价值的体现。首先，塑造了品牌形象，广告是一种无形资产投资；其次，增加了附加价值，确保了品牌在市场中的竞争力。

二、广告费和业务宣传费管控

广告费用在企业销售费用中所占的比例一般都较高。企业应该在确保广告投入与发行，以及发挥其功能和作用的基础上，加强广告费用的控制工作。

1. 各部门做好分工，履行各自的管理职责

广告企划部的职责：做好广告费用的计划、申报、分配和下达，对各阶段广告费用制作情况进行跟踪统计并定期汇报使用情况，同时记录好广告费用台账。财务部的职责：对发生的费用结算单据进行审核把关，对广告费用支出进行控制，不定期组织对相关部门广告费用使用情况的

检查。

2. 控制措施

广告费用使用范围包括媒体费用、场外促销活动、各类物料、市场支持专项促销费用等，以及公司品牌形象宣传费用及其他费用。

3. 使用流程

广告企划部起草及申报合同，由销售总监审批、财务部备案，经总经理签字并加盖合同章后，方可安排制作工作。费用报销时要严格按照企业相关规定执行，报销时"合同审批表"上必须附有综合管理部统一编制的合同编号，同时准备好正式的发票、合同、送货单、验收单、照片等单据。

4. 控制与检核

广告部严格按照费用台账格式要求，详细填报和控制当月广告费用发生情况，凡不在台账范围内的费用一律不予报销。企业将对费用使用情况进行不定期抽查，发现不实申报或虚假费用，将给予经办人及相关人员相应的处罚通报，直至免职。

三、广告费和业务宣传费税务处理

根据《企业所得税法》及《企业所得税法实施条例》，广告费和业务宣传费支出税前扣除规定如下。

（1）《企业所得税法实施条例》第四十四条规定，企业发生的符合条件的广告费和业务宣传费支出，除国务院财政、税务主管部门另有规定外，不超过当年销售（营业）收入15%的部分，准予扣除；超过部分，准予在以后纳税年度结转扣除。

（2）对化妆品制造或销售、医药制造和饮料制造（不含酒类制造）企业发生的广告费和业务宣传费支出，不超过当年销售（营业）收入30%的部分，准予扣除；超过部分，准予在以后纳税年度结转扣除。

（3）企业在筹建期间，发生的广告费和业务宣传费，可按实际发生额计入企业筹办费，并按有关规定在税前扣除。

（4）对签订广告费和业务宣传费分摊协议（以下简称分摊协议）的关联企业，其中一方发生的不超过当年销售（营业）收入税前扣除限额比例内的广告费和业务宣传费支出可以在本企业扣除，也可以将其中的部分或全部按照分摊协议归集至另一方扣除。另一方在计算本企业广告费和业务宣传费支出企业所得税税前扣除限额时，可将按照上述办法归集至本企业的广告费和业务宣传费不计算在内。

（5）烟草企业的烟草广告费和业务宣传费支出，一律不得在计算应纳税所得额时扣除。

（6）以前年度应扣未扣广告费用，准予在 5 年追补确认期限内计算扣除。依据《国家税务总局关于企业所得税应纳税所得额若干税务处理问题的公告》（国家税务总局公告 2012 年第 15 号）和《中华人民共和国税收征收管理法》的有关规定，对企业发现以前年度实际发生的、按照税收规定应在企业所得税前扣除而未扣除或者少扣除的支出，企业做出专项申报及说明后，准予追补至该项目发生年度计算扣除，但追补确认期限不得超过 5 年。企业由于上述原因多缴的企业所得税税款，可以在追补确认年度企业所得税应纳税款中抵扣，不足抵扣的，可以向以后年度递延抵扣或申请退税。亏损企业追补确认以前年度未在企业所得税前扣除的支出，或盈利企业经过追补确认后出现亏损的，应先调整该项支出所属年度的亏损额，然后再按照弥补亏损的原则计算以后年度多缴的企业所得税款。

需要注意的是，年销售收入包括营业收入和视同销售收入两部分。营业收入包括主营业务收入和其他业务收入。视同销售收入包括非货币性交易视同销售收入，货物、财产、劳务视同销售收入和其他视同销售收入。但是年销售收入不包括营业外收入和投资收益。

【例 4-1】假如 A 超市 2020 年实际发生的广告费和业务宣传费共计 290 万元。A 超市 2020 年取得经营收入的主要内容如下：产品销售收入 1 800 万元，出租办公楼取得年租金 200 万元，取得股票转让收益 20 万元，接受捐赠收入 30 万元。

试计算 A 超市实际允许扣除的广告费和业务宣传费税前扣除限额。

（1）计算销售收入。产品销售收入 1 800 万元，属于主营业务收入；出租办公楼取得年租金200万元，属于其他业务收入；取得股票转让收益20万元，属于投资收益；接受捐赠收入50万元，属于营业外收入。因此，在本例中，只有产品销售收入和出租办公楼取得年租金属于销售收入，销售收入共计2 000万元（1 800+200）。

（2）计算广告费与业务宣传费的税前扣除限额。

税前扣除限额 = 销售（营业）收入 ×15%=2 000×15%=300（万元）

（3）计算实际发生的广告费与业务宣传费。

实际发生的广告费与业务宣传费 =200+90=290（万元）

（4）确定广告费与业务宣传费的税前扣除限额。由于广告费与业务宣传费的扣除限额300万元大于实际发生的广告费与业务宣传费290万元，按照扣除限额与实际发生数额孰低的原则，2020年A超市税前可以按照实际发生额290万元全额扣除。

1. 广告费和业务宣传费筹建期的税前扣除标准

《国家税务总局关于企业所得税应纳税所得额若干税务处理问题的公告》（国家税务总局公告2012年第15号）规定，企业在筹建期间，发生的广告费和业务宣传费，可按实际发生额计入企业筹办费，并按有关规定在税前扣除。

【例4-2】某企业2020年为筹建期，2020年发生筹办费200万元，其中，业务招待费40万元，广告费和业务宣传费60万元。企业执行企业会计准则，筹办费全部计入管理费用，税率25%，不考虑其他事项。

该企业在2021年取得营业收入5 000万元，发生招待费600万元，发生广告费和业务宣传费800万元。2020年的会计报表上，会计利润体现为-200万元。

根据相关法规规定，业务招待费可以按照24万元（40×60%）税前扣除，剩余16万元应纳税调增。广告费和业务宣传费则不进行调整。

根据相关法规规定，筹办活动期间发生筹办费用支出，不得计算为当期的亏损。会计利润-200万元，先后调增了16万元和184万元，前者是因为招待费60%的扣除限额，后者是因为筹办期不计算为亏损年度。调整后，应纳税所得额为0（-200+16+184）。

2021年营业收入为5 000万元，招待费税前扣除额为25万元（5000×0.5%）与360万元（600×60%）的孰小值为25万元。广告费和业务宣传费税前扣除额750万元（5000×15%）与800万元的孰小值为750万元。

根据相关法规规定，纳税人可以选择在2021年一次税前扣除筹办费或在不低于三年内分期摊销税前扣除，假设选择一次性扣除，则当期就将筹办费应纳税调减184万元，该184万元中包括筹办期的广告费和业务宣传费60万元以及招待费24万元。

2021年业务招待费调增金额为575万元（600-25），此时不用考虑筹办期的招待费。

2021年广告费和业务宣传费调增金额为50万元（800-750），50万元可以结转以后年度继续扣除。

2. 广告费和业务宣传费关联企业的分摊

关于广告费和业务宣传费关联企业的分摊协议税前扣除，《财政部 税务总局关于广告费和业务宣传费支出税前扣除有关事项的公告》（财政部 税务总局公告2020年第43号）第二条规定，对签订广告费和业务宣传费分摊协议（以下简称"分摊协议"）的关联企业，其中一方发生的不超过当年销售（营业）收入税前扣除限额比例内的广告费和业务宣传费支出可以在本企业扣除，也可以将其中的部分或全部按照分摊协议归集至另一方扣除。另一方在计算本企业广告费和业务宣传费支出企业所得税前扣除限额时，可将按照上述办法归集至本企业的广告费和业务宣传费不计算在内。这对有关联企业的纳税人，特别是关联企业较多的大型企业集团非常有利，可以在税率高与低、盈利与亏损的关联企业之间合法地进行税收筹划，避免不必要的税负。

对关联企业的界定应当注意以下四点。第一，我国《税收征管法》所称的关联企业，是指与企业有下列关联关系之一的企业、其他组织或者个人：在资金、经营、购销等方面存在直接或者间接的控制关系；直接或者间接地同为第三者所拥有或控制；在利益上具有相关联的其他关系。第二，关联企业之间应签订广告宣传费分摊协议，可根据分摊协议自由选择是在本企业扣除或归集至另一方扣除。第三，本企业可扣除的广告费和业务宣传费按规定照常计算扣除限额，另外还可以将关联企业未扣除而归集来的广告费和业务宣传费在本企业扣除。第四，归集到关联企业另一方扣除的广告费和业务宣传费只能是费用发生企业依法可扣除限额内的部分或者全部,而不是实际发生额。

（1）存在盈亏差别关联企业之间的税收筹划建议

如果关联企业之间应纳税所得额有盈利和亏损,建议通过关联企业之间签订广告费和业务宣传费分摊协议,亏损的关联企业将广告费和业务宣传费归集至盈利的关联企业,来降低整体企业的税负。在具体操作时应注意：亏损的关联企业将广告费和业务宣传费归集至盈利的关联企业后,亏损的关联企业的应纳税所得额必须还是负数,这样可以保证亏损的关联企业仍不需要纳税。同时,因为亏损的关联企业将广告费和业务宣传费归集至盈利的关联企业,降低了盈利的关联企业税基,使得盈利的关联企业税负降低,最终达到降低企业税负的目的。

【例4-3】甲企业当年的销售收入为1 000万元,广告费和业务宣传费扣除比例为15%,当年发生广告费和业务宣传费200万元。与关联企业乙签订广告费和业务宣传费分摊协议,将广告费和业务宣传费的40%分摊给乙企业。乙企业当年的销售收入为1 000万元,扣除比例为15%,当年实际发生广告费和业务宣传费为100万元。企业所得税税率为25%,不考虑其他事项。甲企业当年亏损500万元,乙企业当年盈利500万元。甲企业与乙企业签订分摊协议和未签订分摊协议企业所得税情况如表1和表2所示。

表1　甲企业与乙企业签订分摊协议企业所得税计算表

单位：万元

事项	甲企业	乙企业
广告费和业务宣传费	200	100
销售收入	1 000	1 000

（续表）

事项	甲企业	乙企业
广告费和业务宣传费的扣除限额	150（1 000×15%）	150（1 000×15%）
甲企业可以转移到乙企业扣除的广告费和业务宣传费	60（150×40%）	
应纳税所得额	-390（-500+50+60）	440（500-60）
应纳税额	0	110

表2　甲企业与乙企业未签订分摊协议企业所得税计算表

单位：万元

事项	甲企业	乙企业
广告费和业务宣传费	200	100
销售收入	1 000	1 000
广告费和业务宣传费的扣除限额	150（1 000×15%）	150（1 000×15%）
应纳税所得额	-450（-500+50）	500
应纳税额	0	125

由表1和表2可知，甲企业和乙企业签订分摊协议比没有签订分摊协议整体少缴纳企业所得税15万元（125-110）。

（2）存在税率差别关联企业之间的税收筹划建议

如果关联企业之间税率不同，建议通过关联企业之间签订广告费和业务宣传费分摊协议，将低税率的关联企业广告费和业务宣传费归集至高税率的关联企业，以此提高低税率的关联企业税基的同时降低高税率的关联企业税基，最终达到降低整体企业税负的目的。

【例4-4】假设【例4-3】中甲企业的所得税税率为15%，乙企业的所得税税率为25%，甲企业当年各自盈利500万元，其他条件不变。试分析甲企业与乙企业在签订广告费和业务宣传费分摊协议与没有签订广告费和业务宣传费分摊协议两种条件下税负是否相同。

甲企业与乙企业签订分摊协议和未签订分摊协议企业所得税情况如表1和表2所示。

表1　甲企业与乙企业签订分摊协议企业所得税计算表

单位：万元

事项	甲企业	乙企业
广告费和业务宣传费	200	100
销售收入	1 000	1 000
广告费和业务宣传费的扣除限额	150（1 000×15%）	150（1 000×15%）
甲企业可以转移到乙企业扣除的广告费和业务宣传费	60（150×40%）	
应纳税所得额	610（500+50+60）	440（500-60）
应纳税额	91.5	110

表2　甲企业与乙企业未签订分摊协议企业所得税计算表

单位：万元

事项	甲企业	乙企业
广告费和业务宣传费	200	100
销售收入	1 000	1 000
广告费和业务宣传费的扣除限额	150（1 000×15%）	150（1 000×15%）
应纳税所得额	550（500+50）	500
应纳税额	82.5	125

由表1和表2可知，甲企业和乙企业签订分摊协议比没有签订分摊协议整体少缴纳企业所得税6万元（82.5+125-91.5-110）。

第二节
销售折扣费用和促销赠品费用

对于企业管理而言,促销是营销策略的重要手段。在激烈的市场竞争中,企业为吸引消费者注意,扩大市场占有率,经常会举行形式各样的促销活动。要想提升促销活动的有效性,企业必须优化促销费用管理,做好促销投入的前瞻性规划、可行性决策、成本控制和有效性评价,以提高促销费用支出的经济性、效率和效果,提升企业投入产出效果和盈利能力。

一、销售折扣费用管控

促销是企业提升销售量的最有效的方法和手段。企业为了稳定和提高市场占有率,通常采取的促销手段有折扣销售、返券销售、附赠正品销售、积分兑换等方式。企业一般会通过促销方案的执行来激发客户的消费潜力,从而达到促销增量的目的。

首先，要控制年度折扣销售费用的总额。企业可以根据预计的销售收入和以往年度的折扣费用占销售收入的比例确定本年度的折扣费用预算总额。同时还要规定销售折扣费用的使用范围，对于符合既定要求的销售行为或结果，给予一定的价格优惠，并在成交的价款上给予经销商一定比例的折扣。

其次，要明确销售折扣的使用要求和折扣标准。折扣力度要与企业的销售战略相适应。例如，在开拓产品市场阶段，可以用较大的折扣吸引客户，占领市场；在开发新产品阶段，也可以用较大的折扣吸引客户，让更多的客户了解新产品。总之，制定销售折扣的目的就是让更多的客户了解企业的产品，以开拓更广阔的销售渠道。

最后，进行销售折扣管理。根据促销目的的不同，企业可采用不同的管理流程。增加销售折扣时，销售人员应及时填报"销售折扣更改申请单"，由销售部经理和财务部经理审核、销售总监审批后才能付诸实施。例如，新产品的销售折扣应由销售部经理填报"新产品销售折扣申请单"，经销售总监审批后生效。再如市场变化需要修改某产品的销售折扣标准时，销售人员需向销售部经理提出书面申请，由财务部经理审核、销售总监审批后方可执行。

二、销售折扣费用税务处理

1. 折扣销售

【例4-5】A公司购进某商品的进价为1 130元(含税价),共进货4件;该商品原售价为2 260元(含税价),现以7.5折的促销活动全部售出(销售额和折扣额在同一张发票"金额"栏分别注明)。其中,增值税率为13%,所得税率为25%,城市维护建设税为7%,教育费附加为3%,地方教育附加为2%。

A公司直接以7.5折的价格出示,采用价格折扣的方式售卖商品,并且开发票时在一张发票上分别体现销售额和折扣额,根据《国家税务总局关于印发〈增值税若干具体问题的规定〉的通知》(国税发〔1993〕154号)第二条第二款的规定,纳税人采取折扣方式销售货物,如果销售额和折扣额在同张发票上分别注明的,可按折扣后的销售额征收增值税;如果将折扣额另开发票,不论其在财务上如何处理,均不得从销售额中减除折扣额。同时根据《国家税务总局关于确认企业所得税收入若干问题的通知》(国税函〔2008〕875号)第一条第五款的规定,A公司的折扣方式属于商业折扣,可以按照折扣后的金额确定销售收入并缴纳企业所得税。

具体账务核算如下。

(1)购进商品

借:库存商品   1 000

　　　　应交税费——应交增值税（进项税额）　　　　　130

　　贷：银行存款　　　　　　　　　　　　　　　　1 130

（2）销售商品

借：银行存款　　　　　　　　　　　　　　　　　　1 695

　　贷：主营业务收入　　　　　　　　　　　　　　1 500

　　　　应交税费——应交增值税（销项税额）　　　　195

（3）结转成本

借：主营业务成本　　　　　　　　　　　　　　　　1 000

　　贷：库存商品　　　　　　　　　　　　　　　　1 000

2.返券销售

【例 4-6】承【例 4-5】，假设 A 公司以返券销售方式将商品全部售出，其他条件不变。具体活动方式是：活动前期某顾客买了 2 件商品，达到"买满 1 000 元送 565 元优惠券"的赠券门槛，优惠券的限制条件为下次消费买满 1 000 元才可使用；活动后期该顾客用该优惠券又购买了 2 件商品。

目前税法对券抵减现金的规定并不明确，会计处理也因个人理解不同而操作不同，但主流的做法是将商品的完整销售额作为主营业务收入，券金额作为销售费用入账。根据《中华人民共和国企业所得税法》和《中华人民共和国企业所得税法实施条例》（中华人民共和国国务院令〔2007〕512号）的规定，准予企业所得税税前扣除的项目中并没有赠与顾客优惠券的相关描述，所以券金额不应从应纳税所得额中减除。从以上描述可知，赠券销售需参照商品正常售价情况下的收入缴纳增值税和企业所得税。

具体账务核算如下。

（1）购进商品的账务核算同【例4-5】

（2）售出商品

① 活动前期

借：银行存款	1 130
贷：主营业务收入	1 000
应交税费——应交增值税（销项税额）	130

② 活动后期

借：银行存款	565
销售费用	565
贷：主营业务收入	1 000
应交税费——应交增值税（销项税额）	130

（3）结转成本的账务核算同【例4-5】

3. 附赠正品销售

【例4-7】承【例4-5】，假设A公司以买三送一的促销活动将商品全部售出（赠品另开发票），其他条件不变。

A公司采用实物折扣的方式销售商品，赠品根据《中华人民共和国增值税暂行条例实施细则》第四条的规定，应当视同销售货物，缴纳相应的增值税；同时根据《国家税务总局关于确认企业所得税收入若干问题的通知》(国税函〔2008〕875号)第三条的规定,A公司应将实际收到的销售金额按公允价值占比来分摊确认各商品的销售收入,并缴纳企业所得税。

具体账务核算如下。

(1)购进商品的账务核算同【例4-5】

(2)售出商品

借:银行存款 1 695

　　贷:主营业务收入 1 500

　　　　应交税费——应交增值税(销项税额) 195

借:销售费用 315

　　贷:库存商品 250

　　　　应交税费——应交增值税(销项税额) 65

(3)结转成本

借:主营业务成本 750

　　贷:库存商品 750

4. 积分兑换销售

【例4-8】承【例4-5】,假设A公司以积分兑换活动将商品全部售出,其他条件不变。具体活动方式是:活动前期(11月)以原售价售出3件商品,同时奖励顾客可用于下次消费时抵减现金的积分(分摊至积分的价格565元、商品的交易价格935元);活动后期(12月)顾客直接用积分买了

1件商品。假设积分的兑换率为100%。

A公司应当将实际收到的销售金额在商品销售收入与奖励积分之间进行分配。同时根据《中华人民共和国增值税暂行条例》第十九条第一款的规定，A企业增值税纳税义务发生时间为收讫销售商品款项的当天。企业所得税的这项规定与企业会计准则相关规定有所差异，此时应以所得税规定为准缴纳税费。综上所述，A公司在活动前期收讫销售款项时，就需要针对全款缴纳相应增值税。同时，本例中A公司的积分在11月产生，12月兑换，不存在会计处理和税务处理有差异的情况。

具体账务核算如下。

（1）购进商品的账务核算同【例4-5】

（2）售出商品

①活动前期

借：银行存款	1 695
贷：合同负债	565
主营业务收入	935
应交税费——应交增值税（销项税额）	195

②活动后期

借：合同负债	565
贷：主营业务收入	500
应交税费——应交增值税（销项税额）	65

（3）结转成本同【例4-5】

综上所述，不同促销方式的财务指标对比情况如表4-1所示。

表 4-1　不同促销方式的财务指标对比情况

单位：元

指标	折扣销售	返券销售	赠品销售	积分兑换
营业收入	1 500.00	2 000.00	1 500.00	1 435.00
营业成本	1 000.00	1 000.00	750.00	1 000.00
税金及附加	7.80	15.60	15.6	15.60
销售费用	—	565.00	315.00	—
利润额	492.20	419.40	419.40	419.40
所得税额	123.05	104.85	104.85	104.85
净利润	369.15	314.55	314.55	314.55
毛利率	33%	21%	28%	29%
营业净利率	25%	16%	21%	22%

通过分析表 4-1 可知，返券销售的营业收入最高，维持着商品原售价水平，其他活动的营业收入均体现折扣后的收入。折扣销售的营业收入虽然体现了折扣后收入，但净利润却是最高的，这主要是因为折扣销售的折扣额在开具发票时能够满足增值税和企业所得税相关规定，在缴纳税费时准予抵减折扣额。价格折扣类型的各项指标均显性化地体现促销情况，且相应的税负较轻，对企业来说更为有利。

三、促销赠品费用管控

随着市场竞争的日趋激烈，企业通过赠品的形式促进销售。企业在开展赠品促销活动的同时，还要做好对促销费用管理的规范化体系建设，这对于控制促销成本有着极其重要的意义。

首先，需要搭建促销费用管理制度体系，具体包括促销费用预算、促销计划、促销活动、促销费用预提、核销、兑付、清算、查核、对账、回顾、考核等，各环节环环相扣、相互制衡。该体系明确了预算管理、量入为出、授权管理、促销计划的真实性和有效性，规范了促销费用管理要求，建立了促销费用考核机制。同时，明确界定了企业与经销商在促销费用管理方面的权责关系，强化了企业促销费用边界管理规则，以防范企业费用管理风险，提高投入产出效果。

其次，搭建促销费用授权管理制度体系，重点建立授权审批标准，以及促销费用授权管理原则，主要包括重大事项授权原则、关键管理环节授权原则、授权清单审批原则、相互制衡授权原则、效率与风险兼顾原则、不得跨级授权审批原则，有效防范了促销费用管控风险。

最后，搭建促销费用管理信息化系统，实现促销计划、促销费用额度控制、促销费用预提、审批、执行、兑付、分析等全过程线上管理，有效落地管理要求。

与此同时，促销费用管理还需要机制创新，具体包括促销费用管理评审、促销计划会审、促销费用增投评审、促销费用执行跟踪考核及有效性评价等机制，全过程提供机制保障和驱动，有力激发了业务人员的积极性，提升了促销费用管理的合规性、有效性和投入产出效果。

（1）促销费用管理评审机制。各业务单位启动促销费用管理评审，明确了促销费用管理的薄弱环节及重点问题，以有效防范费用管理风险，促进各业务单位提高促销费用的管控效果。

（2）促销计划会审机制，可以提高促销计划的合理性与有效性。财务部门重点审核促销费用预算控制、超支节余以及投入产出效果。销售部门重点审核月度促销计划及时性、促销活动与营销策略一致性、促销活动投入合理性、促销计划数据准确性，确保投入不超预算和标准。

（3）促销费用增投评审机制。促销费用增投是在完成销量利润目标的情况下，根据竞争需求，识别市场发展机会，对于促销费用投入产出高的市场，增加促销费用，以实现更大的销量和利润，加快市场发展。

（4）促销费用执行跟踪考核机制。为加强促销费用管控，企业可以建立促销费用结果考核、过程考核与专项考核三种考核激励机制。

（5）促销费用有效性评价机制。提升促销费用的投入产出效果成为提高市场竞争力和盈利能力的关键因素。通过促销费用有效性评价机制创新，持续分析、评价和提高促销费用有效性，促进销售增长和盈利能力提升。

促销费用管理各机制间的关系如图 4-1 所示。

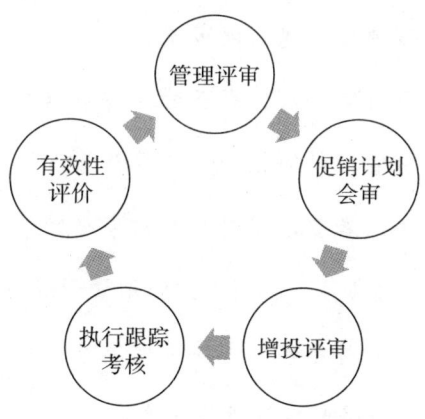

图 4-1 促销费用管理各机制间的关系

四、案例：买房送车

上面我们介绍了促销商品的费用管控和税务处理，下面我们来看一个房地产开发公司的促销活动——买房送车。

A公司是房地产开发企业，由于楼市行情不稳定，并且新开发的楼盘位于偏远郊区，房地产开发公司推出了"买房送车"的促销活动，这也是为了解决住户的交通问题。那么我们就从费用管控和税务处理两个角度分别来分析"买房送车"。

1."买房送车"费用管控

我们分别从促销费用管理评审、促销计划会审、促销费用增投评审、促销费用执行跟踪考核，以及有效性评价这五个方面进行分析。

（1）促销费用管理评审。建立评审流程：①由房地产公司销售总监牵头，成立促销费用管理评审小组，召开管理评审启动会；②现场开展管理评审；③编制促销费用管理评审报告；④召开管理评审总结会；⑤跟踪并监督促销费用管理评审问题整改情况，从财务与销售两个方面建立财务总监考核与销售部经理考核办法，强化促销费用管理评审问题整改。

（2）促销计划会审。财务部门需要审核项目促销费用的总预算，根据预售数量情况进行预估，每月度分析投入产出效果，评价销售部门的绩效。销售部门重点审核月度促销计划及时性、促销活动投入合理性、促销计划数据准确性，确保投入不超预算和标准。

（3）促销费用增投评审。①房地产开发企业增投方案，如销售量达到预计销售量10%以上，可以提报促销费用增投方案。②增投方案审批限额，增投费用原则上控制在增投区域增投产品比预算增加边际贡献的一定比例。例如，"买房送车"，赠送的车辆的总价款在10万~15万元。③增投方案管理要求，增投方案必须专款专用，不得用在其他项目上。

（4）促销费用执行跟踪考核。制定严格、周密的管理制度，赠送的车辆一定要经过相关负责人的确认，加强检查力度，促销活动结束后，相关人员进行电话回访与抽查。

（5）促销费用有效性评价。A公司对促销活动实现的销售楼盘的数量、边际贡献、营业利润等产出进行分析，并对促销费用有效性进行评价。A公司财务总监制定促销费用有效性评价方案。财务指标评价侧重于综合评价，评价指标主要包括费用投入产出销量、促销费用率、费用产出边际贡献、费用产出经营利润等。

2."买房送车"税务分析

商品房的销售价格为100万元，开发商购买小汽车的购进价格为8万元/台，小汽车的零售价格为10万元/台。

方案一：开发商直接在4S店购买汽车，4S店将发票开具给开发商，开发商再将汽车转让给购房者。

首先，4S店将发票开具给开发商，开发商取得汽车的进项税的发票，汽车所有权归开发商所有，同时开发商需要缴纳车辆购置税，购置税为0.8

万元（8×10%）。其次，开发商将汽车作为促销商品赠送给购房者，属于视同销售，赠送小汽车的销项税额为1.3万元（10×13%）。最后，计算促销赠品的销售费用合计为10.1万元（8+0.8+1.3）。

从这个方案可以得知，开发商需要承担车辆购置税，计入车辆成本中，并且需要按照小汽车的市场价格计算销项税额。开发商除了承担8万元的购车款，同时还需要承担车辆购置税和小汽车的销项税额，合计金额为2.1万元。如果开发商不想承担车辆购置税和销项税额，可以让4S店直接把发票开具给购房者，那么这种方案是否可行呢？我们一起再来看下方案二。

方案二：购房者直接去4S店提车，4S店直接将发票开具给购房者。

开发商直接向4S店支付购车款，而购车发票开具给购房者。开发商虽然可以不需要额外承担车辆购置税和销项税额，但是这笔8万元的销售费用不可以在税前列支，年终汇算清缴时需要纳税调整。

以上两种方案，企业需要根据自身情况进行选择。

第三节 捐赠和赞助支出费用

一、捐赠和赞助支出费用管控

捐赠和赞助支出是指企业利用有影响的社会公众活动提升企业声誉所产生的各项费用。要做好捐赠和赞助支出预算的控制，必须明确项目实施内容、活动目的、具体费用明细（包括但不限于场地租赁费、住宿费、餐饮费、礼品费等）、项目成功的标准（具体评价标准有受众者范围大小、公众知晓度、受众者的喜欢程度）、项目开始时间和结束时间的安排。

如果直接使用货币性资产进行捐赠和赞助，首先，要与被捐赠方签订赠与合同或者赞助协议；其次，财务人员按照单位的流程支付相应的捐赠和赞助金额；最后，保留好单据和银行流水证明。

如果使用非货币性资产进行捐赠和赞助，要做好物资申请、采购和发放管控。关于物资申请、采购：首先，企业宣传部或者公关部门根据实际情况统计所需的物资；其次，宣传部或者公关部门提出需求申请，根据金额不同经企业管理层或经企业授权人员审批同意后，按企业相关采购办法签订合同；最后，采购部门要货比三家，择优选择，以便最大限度地提高资金的使用率。购买金额达到招标采购标准的，必须进行招标采购。采购完毕，物资保管部门验收入库，宣传部或者公关部门根据需要向物资保管部门领取相关物资。

关于物资发放，宣传部或者公关部门要严格控制物资的领取和发放程序。物资领取程序：（1）宣传部或者公关部门须详细填写物资申请单，尤其是物资的使用用途；（2）物资申请单需经主管领导审核签字；（3）物资申请单报单位领导批准后，宣传部或者公关部门到物资保管部门领取物资；（4）物资保管部门根据已批物资申请单填写"出库单"（一式三份）办理领取手续，"出库单"第一联留物资保管部门记账，第二联转财务部记账，第三联返回宣传部或者公关部门；（5）宣传部或者公关部门将领用的物品再发放时，须做好登记使用记录，以备核查。

二、公益捐赠社会效应

公益捐赠作为企业回馈社会的有效途径之一，可以帮助企业树立良好的形象，提升社会声誉，达到广告宣传效果，从而有助于扩大市场、增加销售，提升企业绩效。随着经济社会的发展，公民对企业社会责任的要求与期盼也不断提高。企业慈善捐赠是对日益增长的社会压力和期待的一种回应。企业实施公益捐赠的基本动机是道德利他和经济利己。

我们先来看下鸿星尔克实业有限公司（以下简称鸿星尔克）驰援河南灾区的捐赠案例。2021年7月21日，鸿星尔克在其微博上宣布通过郑州慈善总会、壹基金紧急捐赠价值5 000万元的物资，驰援河南灾区。鸿星尔克捐赠的5 000万元物资，在众多企业中并不算最多的。鸿星尔克之所以引起网友的关注，主要是在网友的印象中，鸿星尔克都快"倒闭"了，没想到却捐出了高达5 000万元的物资。一天后，"鸿星尔克的微博评论好心酸"冲上热搜第一，鸿星尔克因捐赠成为舆论焦点，多平台累计涨粉千万、销售额过亿元。当晚，200万名网民冲进鸿星尔克官方淘宝直播间，7月23日又有882万人来观看，7月24日达1 978万人，店铺粉丝数直接涨至千万。"一方有难，八方支援"。企业捐赠是社会责任感的体现。鸿星尔克的大手笔、低调式捐赠当然值得点赞。

再比如，2008年，加多宝集团副总经理阳爱星代表公司向汶川地震灾区捐款1亿元，"要捐就捐一个'义'，要喝就喝王老吉""王老吉捐一个亿，我们就让他赚十个亿"，备受感动的网友自发做起了宣传，王老吉销量高歌猛进，销售额在2008年首次突破100亿元，数年后又突破200亿元大关。

慈善捐赠处在企业社会责任金字塔的顶端，慈善捐赠是一项重要的企业社会责任行为，并且越来越受到企业利益相关者的重视。从性质上来看，慈善捐赠属于自愿履行的一种社会责任形式，是否捐赠以及捐赠多少，完全取决于企业行业周期性的变动或者战略发展等考虑,企业是否进行捐赠,以及捐赠多少金额比较合适,并没有统一的标准。

三、公益捐赠税务处理

长期以来,政府部门利用政策导向,引导企业积极参与公益捐赠活动,尤其是借助税收优惠政策,激发企业投身社会公益事业的热情。作为追求利益最大化的企业,更希望在履行社会职责的同时,能依法合理地降低税负。但是,会计及税法各自遵循不同的规则,致使会计制度与税法会出现适当分离,这也导致企业在报告、确认、记录以及计量等层面存在较大差异。接下来,我们对一般性的公益捐赠行为和特殊情形下的公益捐赠行为进行税务处理分析,提出有关税收筹划建议,促进企业在社会公益事业发挥积极作用的同时保持稳健发展。

公益捐赠是指按照《中华人民共和国公益事业捐赠法》的规定向非营利公益事业的捐赠支出。基于公益捐赠进行税务筹划的主要原因是,企业公益捐赠的会计实务处理与税法有关公益捐赠的政策是有区别的。特别在计算企业所得税额时,企业需要对公益捐赠行为分析,进行纳税调整。合理的税务筹划能让企业既履行了社会职责,参与了公益捐赠活动,也能降低税负,有效提升企业效益。下面我们从捐赠范围和途径、形式以及税额扣除规定方面进行分析。

(1)捐赠范围和途径。捐赠范围应符合《中华人民共和国公益事业捐赠法》规定，如教科、文体、卫生医疗、环境保护、扶贫救灾等方面，并与企业营利无关。捐赠途径符合《中华人民共和国企业所得税法》规定的公益性捐赠行为应该是通过第三方，即企业通过公益性社会团体或者县级以上人民政府及其部门，用于《中华人民共和国公益事业捐赠法》规定的公益事业的捐赠。取得政府认证的公益性社会团体或相关政府部门，向未取得认证的非营利机构进行的捐赠或企业直接向受赠人进行的捐赠，除有特殊规定，一般不具备税额扣除资格。具体规定可以参照《财政部 税务总局关于通过公益性群众团体的公益性捐赠税前扣除有关事项的公告》（财政部 税务总局公告2021年第20号）。

（2）捐赠的形式。常见的捐赠形式有货币捐赠和非货币捐赠。货币捐赠的实际价值获得较为容易，直接按实收金额确认，再按照税收优惠政策扣除。但非货币性捐赠形式多样，如实物捐赠、劳务捐赠、技术捐赠等，需要对这些捐赠物的公允价值进行测算评估，有可能还发生一定的评估费用，要进一步判断能否享受税收优惠政策。

（3）税额扣除规定。对于企业的公益性捐赠，在会计业务核算中是通过"营业外支出"登记的，最终会减少企业的会计利润。但在税法处理上还要根据公益捐赠的数额、捐赠的内容调整应纳税所得额，调整后根据应纳税所得额的变化计算企业当年应交所得税额。

一般情形下，《企业所得税法》规定了公益捐赠扣除的最大限额，目前是以年度利润总额的12%为扣除限额标准。年度利润总额是指企业依照国家统一会计制度的规定计算的年度会计利润。实际公益捐赠支出小于扣除限额的，则可以据实扣除；超出扣除限额的，则需要按扣除限额扣除，当年计算应纳税额时要把超出部分进行纳税调增处理,超出部分应在三年内进行结转扣除(2017年开始执行)。公益捐赠税前扣除顺序:企业在计算公益捐赠支出扣除时,应先扣除以前年度结转的捐赠支出,再扣除当年发生的捐赠支出。

除了一般情形的公益捐赠行为,国家还会在不同时期对公益捐赠税收优惠政策出台特殊规定。这些规定对税额扣除的条件和时效都有不同标准,如针对北京冬奥会、冬残奥会、测试比赛的捐赠支出扣除、对目标脱贫地区的扶贫捐赠扣除都有不同扣除标准。自2019年1月1日至2022年12月31日,企业通过公益性社会组织或者县级(含县级)以上人民政府及其组成部门和直属机构,用于目标脱贫地区的扶贫捐赠支出,准予在计算企业所得税应纳税所得额时据实扣除。

接下来我们来看几个例子,分别对货币性捐赠和非货币性捐赠的会计与税务处理进行分析。

【例4-9】 某制药公司为增值税一般纳税人,2021年主营业务收入为5 500万元,其他业务收入为400万元,营业外收入为300万元,主营业务成本为2 800万元,其他业务成本为300万元,营业外支出为210万元,税金及附加为420万元,管理费用为550万元,销售费用为900万元,财务费用为180万元,投资收益为120万元。

其中,营业外支出包括对外捐赠货币资金140万元(通过基金会向某养老院捐赠120万元,直接向某学校捐赠20万元)。

(1)会计利润 = 5 500+400+300−2800−300−210−420−550−900−180+120
= 960(万元)

（2）直接向某学校捐赠20万元不能税前扣除

（3）公益捐赠扣除限额=960×12%=115.2（万元）

调增应纳税所得额=120-115.2=4.8（万元）

（4）应调增所得额=4.8+20=24.8（万元）

【例4-10】承【例4-9】营业外支出包括对外捐赠货币资金140万元（通过县政府向目标脱贫地区捐赠120万元，直接向某学校捐赠20万元）。

自2019年1月1日至2022年12月31日，企业通过公益性社会组织或者县级（含县级）以上人民政府及其组成部门和直属机构，用于目标脱贫地区的扶贫捐赠支出，准予在计算企业所得税应纳税所得额时据实扣除。

（1）会计利润为960万元

（2）直接向某学校捐赠20万元不能税前扣除

（3）应调增应纳税所得额为20万元

【例4-11】A公司2021年的利润总额为500万元。2021年9月，A公司将自产的两台重型机械设备，通过市政府捐赠给希望小学用于公共设施建设。已列支两台设备的成本为80万元，两台设备不含增值税市场售价为100万元，增值税税率为13%。

具体账务处理如下。

（1）会计处理

借：营业外支出　　　　　　　　　　　　　　　　　　　　93

　　贷：库存商品　　　　　　　　　　　　　　　　　　　80

　　　　应交税费——应交增值税——销项税额　　　　　 13

（2）税务处理

①会计利润为 500 万元

②公益性捐赠扣除限额 = 500×12% = 60（万元）

③应纳税所得额调增 = 93-60 = 33（万元）

捐赠设备视同销售处理：

④视同销售收入调增 100 万元

⑤视同销售成本调减 80 万元

⑥合计应纳税所得额调增 = 33+100-80 = 53（万元）

【例 4-12】 承【例 4-11】，2021 年 9 月，A 公司将自产的两台重型机械设备，通过市政府捐赠给目标脱贫地区用于公共设施建设。

《财政部 税务总局国务院扶贫办关于扶贫货物捐赠免征增值税政策的公告》（2019 年第 55 号）规定，对单位或者个体工商户将自产、委托加工或购买的货物通过公益性社会组织、县级及以上人民政府及其组成部门和直属机构，或直接无偿捐赠给目标脱贫地区的单位和个人，免征增值税。但需要将捐赠物资的增值税进项税额进行进项税额转出。

具体账务处理如下。

（1）会计处理

借：营业外支出　　　　　　　　　　　　　　　　　　　　90.4

　　贷：库存商品　　　　　　　　　　　　　　　　　　　80

　　　　应交税费——应交增值税——进项税额转出　　　10.4

（2）税务处理

捐赠设备视同销售处理：

①视同销售收入调增 100 万元

②视同销售成本调减 80 万元

③合计应纳税所得额调增 = 100-80 = 20（万元）

四、赞助支出税务处理

赞助支出是指企业发生的与生产经营活动无关的各种非广告性质支出。随着国际和国内市场竞争的日益激烈，越来越多的企业开始注重和打造品牌形象，参与赞助各种影视节目和文艺演出活动的广告宣传。《企业所得税法》第十条第六项明确规定，在计算应纳税所得额时，赞助支出不得扣除。但在实践中，企业往往不能明确区分赞助支出、公益性捐赠以及广宣费，导致企业将不符合规定的赞助支出在企业所得税前进行列支。

下面我们来了解下赞助支出与公益捐赠以及广告费和业务宣传费税前扣除问题在实际工作中的应用。税法规定的不允许税前扣除的赞助支出，与公益捐赠、广告费和业务宣传费有明显的区别，但在企业实际发生的赞助支出的性质通常比较难确定，纳税人需要仔细分析，很多赞助支出并非与生产经营无关。例如，不少企业为扩大影响参加一些宣传单位开展的活动，但只考虑提高社会声誉，未考虑宣传具体产品，而未与对方签订具体合同，则发生的支出认定为赞助支出。又如，对于一些纳税人表面上自愿的赞助支出，但在实际中有许多支出不是出于纳税人的自愿，而是政府或部门摊派的,对此纳税人事前最好与摊派部门进行充分协商,尽量取得公益性捐赠票据,享受公益性捐赠税前扣除优惠。因此,企业应进行合理定性,根据定性来进行规划,争取享受税收优惠。

《企业所得税法实施条例》规定,不得扣除的赞助支出是指企业发生的与生产经营活动无关的各种非广告性质支出。那么,具有广告性质的赞助支出如何进行税务处理?广告性的赞助支出属于企业为了提升形象的一种营销费用。按照企业会计准则的相关规定,广告性的赞助支出归入业务宣传费比较合适;从企业所得税的角度考虑,广告性的赞助支出可按照广告费和业务宣传费税前扣除的有关规定,整理有关证据,证明属于与生产经营有关的广告性质支出。例如,某企业赞助某次运动会,就应当委托广告公司从事广告宣传活动,取得广告公司出具的相应票据。否则,一律不得扣除。

总之,纳税人实际发生的赞助支出,很多并非税法严格规定的赞助支出性质,可以通过事前分析,将其认定为公益捐赠、业务宣传费性质的支出,并规划好合作性质、签订合适的协议,尽量取得相应的合法票据。企业"赞助支出"并非不能税前扣除。

【例4-13】A公司2021年实际发生的赞助支出为200万元,其中广告性的赞助支出为50万元,非广告性质的赞助支出为150万元;实际发生的广告费和业务宣传费为100万元。A公司2021年的销售收入为800万元。

A公司非广告性质的赞助支出150万元不得税前扣除,A公司广告费与业务宣传费的税前扣除限额为120万元(800×15%)。实际发生的归属于广告费与业务宣传费为150万元（50+100）。因此，2021年A公司可以税前扣除的广告费和业务宣传费合计金额为120万元，需要纳税调增180万元（150-120+150）。

第五章

管理费用管控与税务处理

为了巩固您对本章内容的理解,便于今后工作中的应用,达到学以致用的目的,我们录制了视频课程,您可以扫描下面的二维码进行观看。

第一节

业务招待费

一、业务招待费管控

业务招待费是企业在销售过程中必然产生的一种费用。由于交际和应酬的范围可大可小,所以不能完全对业务招待费进行严格管理和控制,这就很容易造成企业成本增加。因此,各企业需要控制业务招待费并进行正确核算。对于业务招待费的管控,企业需要做到以下几点。

(1)事前管控,做好总额度和预算控制。首先要全面落实总额控制工作,业务招待费的总额可以控制在全年销售收入的1%~2%,然后根据各部门的不同情况,按照一定比例进行分摊。在总额确定的基础上,进行预算管理,可以使用零基预算法或者减量预算法。

(2)事中制定审批流程,规定业务招待费的具体适用对象的细节并列支明细。在业务招待费发生之前，要填写"业务招待费审批单"，具体内容包括招待的单位、招待人员的名单，以及我方陪同人员姓名、招待理由、申请支出金额、本部门年度预算金额、累计使用金额，并交相关部门领导进行审批。明确接待标准，如每人100元；再如，确定陪同人数，如来宾人数在10人以下，原则上本公司作陪人员最多不超过3人，如来宾人数在10人以上，则每增加5人本公司增加1名作陪人员。写明招待理由、时间、地点、参与人员、洽谈的具体项目，以及项目目前的进展情况。报销招待费时需要提供相关发票以及餐饮水单明细，水单列明的就餐人数需要与来宾人数和作陪人数进行比对。

（3）事后评估要及时。将业务招待费支出与管理员工的绩效联系起来，评估业务招待费的支出效率，对评估结果差的员工或部门进行相应的问责或处罚。这对于企业降低成本、提高效益有着十分重要的意义。

二、业务招待费税务处理

1. 业务招待费的核算范围

业务招待费是企事业单位在生产经营活动中因招待、应酬发生的费用支出。其主要用于企事业单位因生产经营活动的开展而支付的宴请或工作餐的支出、赠送的纪念品支出、旅游景点参观费、交通费及其他费用支出等。实际税收工作中，财务人员需要正确把握对业务招待费支付范围的界定。

（1）业务招待费与业务宣传费的合理划分。为了宣传企业形象和产品而开办宣传会、展览会等活动发生的餐费，以及把印有企业名称、企业标识、产品简介的物品送给客户所发生的费用，可以列入业务宣传费，它们不属于业务招待费。

（2）业务招待费与误餐费的合理划分。误餐费是企业职工因工作无法到企业食堂或者回家进餐而得到的补偿。企业职工可根据实际误餐顿数，按规定的标准领取误餐费。招待费是对外拓展业务时发生的吃、喝、用等费用。

企业发生的与生产经营有关的餐费不一定都是业务招待费，这时企业可根据实际情况在相应的科目中列示。企业员工正常出差过程中的自用餐费或伙食补助费须计入差旅费，但出差过程中发生的宴请客户的费用则不能计入差旅费，只能计入业务招待费。经营过程中产生的必要的工作餐费应计入相关成本费用，召开会议过程中产生的餐费应计入会议费，召开董事会产生的餐费应计入董事会费等，因此并不是所有的餐费都需要计入业务招待费。

2. 一般税务规定

《企业所得税法实施条例》第四十三条规定，企业发生的与生产经营活动有关的业务招待费支出，按照发生额的60%扣除，但最高不得超过当年销售（营业）收入的5‰。

（1）业务招待费的税前扣除基数。企业当年销售（营业）收入具体包括主营业务收入、其他业务收入和视同销售收入。视同销售收入是指会计上不作为收入而税法上确认为收入的商品或劳务的转移行为。需要注意的是营业外收入、投资收益和不征税收入不能作为此项计税基数。

上述三项收入中比较特殊的是视同销售收入。企业将自制或外购的资产用于市场推广或销售、交际应酬、职工奖励或福利、对外捐赠等情形，在会计上往往只记入"销售费用""营业外支出"等科目而不确认会计收入。《增值税暂行条例实施细则》第四条第八款规定，凡属于将自产、委托加工或者购买的货物无偿赠送他人的，应视同销售计征增值税销项税额。属于企业自制的资产，应按企业同类资产同期对外销售价格确定销售收入。属于外购的资产，可按购入时的价格确定销售收入。企业在确定扣除基数时，应当将视同销售收入计入扣除限额。

另外，国家税务机关根据不同行业的特征，制定了一些特殊行业的扣除基数标准。对于从事房地产企业招待费的税前扣除计算基数，根据相关规定，企业通过正式签订《房地产销售合同》或《房地产预售合同》所取得的收入，应确认为销售收入的实现。

对于从事股权投资业务的企业招待费的税前扣除计算基数，《国家税务总局关于贯彻落实企业所得税法若干税收问题的通知》（国税函〔2010〕79号）第八条规定，对从事股权投资业务的企业（包括集团公司总部、创业投资企业等），其从被投资企业所分配的股息、红利以及股权转让收入，可以按规定的比例计算业务招待费扣除限额。

查补收入可以作为业务招待费的计税基数。查补收入属于销售收入，跟其他业务收入以及主营业务收入类似，所以在补充申报时需要计入"销售收入合计"中，因此能够计入业务招待费的计税基数。由于从税收的角度上已经把收入进行确认了，所以能够作为扣除基数进行税收处理。

（2）业务招待费的扣除限额标准。业务招待费的扣除限额标准有两个，企业在业务招待费纳税筹划时就要找一个临界点，让业务招待费的扣除限额最大，尽可能将企业的税负降到最低。业务招待费的最佳扣除标准是当营业收入的5‰等于实际发生业务招待费的60%，用公式表示如下。

营业收入 ×5‰ = 实际发生额 ×60%

实际发生额 ÷ 营业收入 = 8.33‰

实际发生的业务招待费与营业收入的比值，就是纳税筹划的临界点，经过上式推导可以得出业务招待费的纳税筹划临界点为8.33‰。当企业实际发生的业务招待费超过年销售收入的8.33‰时，超过的部分，全部不得在企业所得税税前扣除，不能扣除的业务招待费大于实际发生额的40%，需要调增应纳税所得额；当业务招待费小于销售收入的8.33‰时，实际发生的业务招待费的60%可以全部在企业所得税税前扣除，只需要对发生额40%的部分进行纳税调增。超出标准部分应调增应纳税额所得额，以后年度不再扣除。

3. 筹建期间税务处理

筹建期间费用未列作长期待摊费用的，企业可以在开始经营之日的当年一次性扣除，也可以按照有关长期待摊费用的处理规定处理，但一经选定,不得改变。开始经营之日,根据《国家税务总局关于贯彻落实企业所得税法若干税收问题的通知》(国税函〔2010〕79号)规定,企业自开始生产经营的年度,为开始计算企业损益的年度。

4.税务资料

关于业务招待费税前扣除,要求纳税人提供真实合法的、足够的有效凭证或资料,不能提供有效凭证的不得在税前扣除。《企业所得税法》第八条规定,企业实际发生的与取得收入有关的、合理的支出,包括成本、费用、税金、损失和其他支出,准予在计算应纳税所得额时扣除。《国家税务总局关于发布〈企业所得税税前扣除凭证管理办法〉的公告》(国家税务总局公告2018年第28号)第四条规定,税前扣除凭证在管理中遵循真实性、合法性、关联性原则。这就要求业务招待费入账的原始凭证反映的经济业务必须真实,且支出已经实际发生;凭证的形式、来源必须符合国家法律、法规等相关规定;凭证与其反映的支出相关联且有证明力。

(1)要确保业务招待费资料的完整性。支付此类业务事项时,一是减少现金支付,尽可能直接通过银行转账进行支付;二是做必要的招待说明,如签订购销合同的应说明合同的编号;三是习惯以周、月或更长的周期进行统一结账的企业更应做好备查簿的记载,详细载明招待事由、招待时间、招待对象、陪同人员。企业列支的业务招待费附列资料如果无法确定费用性质的支出,无法证明与生产经营活动的相关性,就不能作为业务招待费处理并进行税前扣除。

（2）对于与业务招待费容易混淆的费用项目，要认真把握好政策界限，保留好充分的资料。餐费是业务招待费中常见的项目，企业内部职工培训费、企业内部工作会议餐费支出都占一定的比例，消费的场所可能与接待场所相同，容易与业务招待费相混淆，这就需要充分的资料来证明，否则，将可能产生涉税风险。例如，企业内部技术研讨会议费附件材料应包括：①会议名称、时间、地点、目的及与会人员签名的花名册；②会议材料（会议议程、讨论材料、领导讲话等）；③会议召开地酒店（招待处）出具的发票。再如，礼品也是业务招待费与业务宣传费容易混淆的项目，一般来讲，外购礼品用于赠送且赠送的对象是特定客人、金额通常较大，应作为业务招待费；如果礼品是纳税人自行生产、外购或经过委托加工，对企业的形象、产品有标记及宣传作用的，赠送对象随机、金额较小，应作为业务宣传费。

5. 个人所得税处理

用于业务招待费的赠送礼品需要替个人代扣代缴个人所得税。《财政部 税务总局关于个人取得有关收入适用个人所得税应税所得项目的公告》（财政部 税务总局公告2019年第74号）第三条规定，企业在业务宣传、广告等活动中，随机向本单位以外的个人赠送礼品（包括网络红包，下同），以及企业在年会、座谈会、庆典及其他活动中向本单位以外的个人赠送礼品，个人取得的礼品收入，按照"偶然所得"项目计算缴纳个人所得税，但企业赠送的具有价格折扣或折让性质的消费券、代金券、抵用券、优惠券等礼品除外。

【例5-1】A企业20××年销售收入50 000万元，其他业务收入10 000万元，从股权投资企业分得的红利5 000万元，发生的与生产、经营有关的业务招待费支出500万元，其中，以企业自制商品作为礼品馈赠客户，商品成本80万元，同类商品售价113万元（含税价），该笔业务计入业务招待费121.25万元；以企业外购商品作为礼品馈赠客户，商品成本40万元，同类商品售价56.5万元（含税价），该笔业务计入业务招待费58.125万元。

（1）本例中将企业自制商品作为礼品馈赠客户，商品成本80万元，同类商品售价113万元（含税价）。

该企业将自产产品赠送客户，根据增值税规定，无偿赠送货物应视同销售处理，无销售额的按纳税人最近时期同类货物的平均销售价格确定。本例中企业承担受赠礼品者应支付的增值税为13万元（100×13%）。《财政部 国家税务总局关于企业促销展业赠送礼品有关个人所得税问题的通知》（财税〔2011〕50号，以下简称"50号文"）第三条规定，企业赠送的礼品是自产产品（服务）的，按该产品（服务）的市场销售价格确定个人的应税所得。这里需要注意的是，赠送单位一般承担所有受赠者应承担的税费，受赠者取得的个人所得税税后收入除了自产产品的价格外还应包括应缴的增值税，此受赠者税后收入为113万元。根据《国家税务总局关于印发〈征收个人所得税若干问题的规定〉的通知》（国税发〔1994〕89号，以下简称"89号文"）第十条相关规定，本例中该企业应负担的个人所得税为28.25万元〔113÷（1-20%）×20%〕。

具体账务处理如下。

借：管理费用——业务招待费　　　　　　　　　　　　　　121.25

　　贷：库存商品——礼品　　　　　　　　　　　　　　　　80

　　　　应交税费——应交增值税（销项税额）　　　　　　　13

　　　　　　　　——应交个人所得税（代扣代缴偶然所得）　28.25

（2）本例中以企业外购商品作为礼品馈赠客户，商品成本为40万元，同类商品售价为56.5万元（含税价）。

该企业外购礼品赠送给客户，根据《增值税暂行条例实施细则》第十六条第一款第（二）项规定，本例中的企业应负担受赠礼品者应支付的增值税为6.5万元（50×13%）。根据50号文第三条规定，是外购商品（服务）的，按该商品（服务）的实际购置价格确定个人的应税所得。此受赠者税后收入为46.5万元（40+6.5）。根据89号文第十四条的相关规定，本例中该企业应负担的个人所得税为11.625万元〔46.5÷（1-20%）×20%〕。

具体账务处理如下。

借：管理费用——业务招待费　　　　　　　　　　　　　　58.125

　　贷：库存商品——礼品　　　　　　　　　　　　　　　　40

　　　　应交税费——应交增值税（销项税额）　　　　　　　6.5

　　　　　　　　——应交个人所得税（代扣代缴偶然所得）　11.625

根据《国家税务总局关于企业处置资产所得税处理问题的通知》（国税函〔2008〕828号）第二条、《国家税务总局关于企业所得税有关问题的公告》（国家税务总局公告2016年第80号，以下简称"80号文"）第二条规定，企业办理年度企业所得税汇算清缴时将移送他人的资产应视同销售确定收入并按公允价值确定销售收入。

（3）计算该企业20××年业务招待费纳税调增额。

首先，确定计提业务招待费的计税基数。A企业2021年的销售收入总额为60 150万元（50 000+10 000+100+50）。

其次，计算扣除限额，扣除限额1，销售收入×5‰＝60 150×5‰＝300.75（万元）；扣除限额2，实际发生业务招待费×60%＝500×60%＝300（万元）。

税前扣除的金额按照孰低原则，业务招待费可以税前扣除的金额为300万元。业务招待费需要纳税调增的金额为200万元（500-300）。视同销售收入纳税调增150万元，同时结转成本120万元。最后，需要纳税调整的金额为230万元（200+150-120）。

【例5-2】20××年9月，B公司从商场购进5张面额为1 000元的购物卡，计划在中秋节前赠送外公司5名软件工程师，让其自行购买本地土特产，取得商场开具的项目为"预付卡销售和充值"增值税普通发票一份，款项由银行支付。20××年9月中秋节前，公司将上述购物卡赠送给上述相关人员。

这里要注意个人所得税的处理。赠送给相关人员个人礼品需要代扣代缴个人所得税。

根据《财政部 税务总局关于个人取得有关收入适用个人所得税应税所得项目的公告》（财政部 税务总局公告2019年第74号）第三条规定，软件工程师收到购物卡时，企业应按照"偶然所得"项目计算代扣代缴个人所得税，应向工程师收取个人所得税1 000元（5 000×20%）。但是，送卡的企业一般是不会再向收卡人代扣代缴个人所得税的，收卡人取得的即为税后所得，根据89号文第十四条规定，单位或个人为纳税义务人负担个人所得税税款，应将纳税义务人取得的不含税收入换算为应纳税所得额，计算征收个人所得税。本例中该企业应负担的个人所得税为1250元［5 000÷（1-20%）×20%］。

9月中旬赠送购物卡时应做如下财务处理。

借：管理费用——业务招待费　　　　　　　　　　　　6 250

　贷：银行存款　　　　　　　　　　　　　　　　　　5 000

　　　应交税费——应交个人所得税（代扣代缴偶然所得）1 250

第二节
差旅费管控及税务处理

一、差旅费管控

差旅费属于企业经营管理中比较重要的一项业务支出，在经费支出中占了较大的比例。许多企业的差旅费随着企业规模的扩张也在持续增加，这给企业发展带来了较大的成本负担。随着企业经济活动的不断增加，差旅费的管控成为企业经营管理中的重要项目之一。企业应对差旅费管理状况进行深入的了解，并且结合新型的差旅费管理平台，不断地优化企业差旅费管控模式。

1. 加强企业内部管理

首先，加强财务管控力度，执行差旅费报销制度。确定明确的流程再造预期目标，完善公务出差审批、报销管理制度。差旅费属于费用支出，同时也是单位重要的经营支出，主要包括因公出差期间产生的餐费、交通费、住宿费等。企业需制订详细的计划，对差旅费进行提前安排，以此来降低成本。企业在制订详细计划的过程中，一定要严格要求，对于未经批准的差旅，所发生的费用要由个人承担，企业不予以报销。同时，出差人员在出差之前，要履行支出事前的申请程序，填写差旅费审批单，并根据内部控制制度的规定，得到领导人员的批准与认可。其中，审批的内容主要包括交通工具的选择、出差天数的确定、住宿与就餐的标准等。要做好差旅费报销管理，就必须对出差人员的基本信息与人数进行核查，对差旅费审批单进行核对，并从出差时间以及住宿票据、交通票据等多方面入手，查看票据来源的合法性。

2. 加强出差报销管控的审批制度与流程

在企业现行的制度基础上，出差执行事前审批的原则，即结合预算管理、资金情况填写详细的因公外出审批单，并逐级报批，进一步细化差旅费报销制度，明确报销时间和事由，让员工有章可循。企业需要建立完善的登记制度，对于差旅费进行严格的审批，包括线路、预期经费以及日期等，超过预定限额，则由个人承担。财务人员要严格把关，做好票据的审核工作，并严格按单位相关制度给予报销。另外，企业要根据报销金额大小，明确各级领导授权审批权限，夯实责任分工，压缩审批流程，减少差旅费报销时长。

3. 引入商旅平台

为规范差旅费管理，降本增效，提升企业营运能力和经济效益，可以引入商旅平台来提升财务信息化水平。企业引入商旅平台进行报账，将商旅平台的优势功能与日常差旅费管理流程相结合，为员工们提供"一站式服务"，精简了报账工作程序，提高了企业的精益管理能力，丰富了内控管理措施。应用商旅平台可以简化报销流程，提升差旅费管理的合规性，节约时间成本。

4. 运用科技手段降低差旅费开支

在差旅费控制中，企业通过有效的科技手段，可以降低企业的差旅费开支，继而可以降低企业的差旅成本。企业应制定科学的措施来降低差旅费的开支，如运用网络视频等科技手段，可实现不同地区之间的视频会议，实现交流研讨、工作布置等，这不仅可以大大节省往返路途的费用和时间，提高效率，还能降低成本。现阶段，通过网络技术可以实现视频通话，不受距离的限制，员工即可实现交流和沟通，从而可以减少出差的次数。

5. 采用差旅费外包政策

企业可采用差旅费外包政策，将差旅费外包给更专业的服务公司。目前，部分企业已经实现差旅费外包目标，即将企业的差旅费外包给服务公司，服务公司收取相应的成本，以此来实现共赢。例如，美国运通公司属于差旅费的中介控制公司,其为客户制订详细的差旅费计划,并进行相应的组织及策划,以此来减少企业的贪污腐败问题。在企业的发展中,企业需要对员工进行有关差旅费的申报培训,使其熟悉相关流程。与此同时还需要引导员工选用合理交通工具,严格执行相关标准,从而降低企业成本。企业在制定政策的过程中,要明确出差审批、交通工具预定、酒店选择、住宿标准、信用卡使用、餐饮标准以及出租车标准等,对于超过条款规定的费用,不予报销。

差旅费属于可控费用,对于企业的成本控制而言,具有重要的意义。企业在发展过程中,要根据自身发展的实际情况,制订严格的差旅费管控计划,同时要严格执行和审核,并将其纳入绩效考核中。

二、国内旅客运输服务税务处理

关于纳税人购进国内旅客运输服务进项税额抵扣的处理,按照《关于全面推开营业税改征增值税试点的通知》(财税〔2016〕36号)(以下简称"36号文")规定,纳税人购进的旅客运输服务,其进项税额不得从销项税额中抵扣。但随着国家减税降费政策的不断扩大,自2019年4月1日起,纳税人购进国内旅客运输服务,其进项税额允许从销项税额中抵扣,有如下两个文件涉及相关内容。

(1)《关于深化增值税改革有关政策的公告》(财政部 税务总局 海关总署公告2019年第39号,以下简称"39号公告")第六条规定,纳税人购进国内旅客运输服务，其进项税额允许从销项税额中抵扣。纳税人未取得增值税专用发票的，暂按照以下规定确定进项税额。一是取得增值税电子普通发票的，为发票上注明的税额。二是取得注明旅客身份信息的航空运输电子客票行程单的，按照下列公式计算进项税额：航空旅客运输进项税额＝（票价＋燃油附加费）÷（1+9%）×9%。三是取得注明旅客身份信息的铁路车票的，按照下列公式计算的进项税额：铁路旅客运输进项税额＝票面金额÷（1+9%）×9%。四是取得注明旅客身份信息的公路、水路等其他客票的，按照下列公式计算进项税额：公路、水路等其他旅客运输进项税额＝票面金额÷（1+3%）×3%。

根据39号公告的规定，我们可以得知，增值税专用发票、增值税电子普通发票，注明旅客身份信息的航空运输电子客票行程单、铁路车票，以及公路、水路等其他客票，可以作为国内旅客运输服务抵扣凭证。换言之，增值税普通发票不能作为纳税人购进国内旅客运输服务抵扣进项税额的凭证。

我们对可以作为国内旅客运输服务抵扣进项税额的凭证进行了总结归纳，具体如表5-1所示。

表5-1 购进国内旅客运输服务取得票据的进项税抵扣

购进国内旅客运输服务取得的票据	进项税的抵扣
增值税专用发票	发票上注明的税额
增值税电子普通发票	
注明旅客身份信息的航空运输电子客票行程单	航空旅客运输进项税额＝（票价＋燃油附加费）÷（1+9%）×9%
注明旅客身份信息的铁路车票	铁路旅客运输进项税额＝票面金额÷（1+9%）×9%
注明旅客身份信息的公路、水路等其他客票	公路、水路等其他旅客运输进项税额＝票面金额÷（1+3%）×3%

另外,纳税人购进国内旅客运输服务取得旅行社、航空票务代理等票务代理机构(享受差额征税政策并依6%税率)开具的代理旅客运输费用电子普通发票,是购进"现代服务—商务辅助服务",不属于购进国内旅客运输服务,按照现行进项税抵扣的有关规定,纳税人取得上述电子普通发票,不能作为抵扣凭证。

再如,支付的改签费、补票费、退票费,只要取得符合规定的增值税扣税凭证就允许抵扣进项税额。在实际中,有时会发生旅客要求改签机票或者乘坐火车(长途客车)坐过站而需要补票的现象,旅客支付的改签费或补票费属于交通运输费的范围,只要取得39号公告规定的抵扣凭证就允许抵扣进项税额。乘坐各种交通工具发生的退票费是因为旅客取消了出行计划而支付的费用,实际上没有发生交通运输服务。退票费属于"现代服务业"的征税范围,因此纳税人支付的退票费应取得增值税专用发票才能抵扣进项税额。

(2)《关于国内旅客运输服务进项税抵扣等增值税征管问题的公告》(国家税务总局公告2019年第31号,以下简称"31号公告")第一条关于国内旅客运输服务进项税抵扣规定,①39号公告第六条所称"国内旅客运输服务",限于与本单位签订了劳动合同的员工,以及本单位作为用工单位接受的劳务派遣员工发生的国内旅客运输服务。②纳税人购进国内旅客运输服务,以取得的增值税电子普通发票上注明的税额为进项税额的,增值税电子普通发票上注明的购买方"名称""纳税人识别号"等信息,应当与实际抵扣税款的纳税人一致,否则不予抵扣。如在实际中,像出租车车票、公交车车票、长途客运汽车手撕车票等这些不能注明旅客身份信息的票据不能作为抵扣凭证，即使是后来手写上了旅客身份信息也不能作为抵扣凭证。③纳税人允许抵扣的国内旅客运输服务进项税额，是指纳税人2019年4月1日及以后实际发生，并取得合法有效增值税扣税凭证注明的或依据其计算的增值税税额。以增值税专用发票或增值税电子普通发票为增值税扣税凭证的，为2019年4月1日及以后开具的增值税专用发票或增值税电子普通发票。

从以上两个文件可知，31号公告是对39号公告在实际执行过程中相关口径的明确。

但在实务中，纳税人购进国内旅客运输服务，抵扣进项税额时还应当注意细节问题。

【例5-3】甲公司为增值税一般纳税人，20××年12月，员工出差洽谈新项目，取得注明员工身份信息的高铁车票，票面金额共计10 900元；同月组织优秀员工去海南旅游，取得注明员工身份信息的飞机票，票面金额共计5 450元。那么甲公司允许抵扣的进项税额为多少？

当月甲公司员工出差洽谈新项目，取得注明员工身份信息的高铁车票，可以作为国内旅客运输服务允许抵扣进项税额，即允许抵扣的进项税额为900元（10 900÷1.09×9%）。

但是，组织优秀员工去海南旅游，取得注明员工身份信息的飞机票，不允许抵扣进项税额。

与生产经营活动无关的项目发生的购进国内旅客运输服务，不允许抵扣进项税额。36号文附件1《营业税改征增值税试点实施办法》第二十七条规定，下列项目的进项税额不得从销项税额中抵扣：(1)用于简易计税方法计税项目、免征增值税项目、集体福利或者个人消费的购进货物、加工修理修配劳务、服务、无形资产和不动产。其中涉及的固定资产、无形资产、不动产，仅指专用于上述项目的固定资产、无形资产（不包括其他权益性无形资产）、不动产。纳税人的交际应酬消费属于个人消费。（2）非正常损失的购进货物，以及相关的加工修理修配劳务和交通运输服务。（3）非正常损失的在产品、产成品所耗用的购进货物（不包括固定资产）、加工修理修配劳务和交通运输服务。（4）购进的旅客运输服务、贷款服务、餐饮服务、居民日常服务和娱乐服务。上述项目的进项税额不允许抵扣，与上述项目对应的同时购进的国内旅客运输服务，即使取得了合法有效凭证，其进项税额也不允许抵扣。允许抵扣国内旅客运输服务进项税额的，是指除上述项目不允许抵扣进项税额以外的其他项目发生的国内旅客运输服务，也就是说，必须是在可抵扣进项税额的大原则下，符合规定的国内旅客运输服务方可抵扣进项税额。

【例5-4】甲公司业务人员提交一张从泉州到广州再到境外的与差旅费相关的增值税扣税凭证，但未分别体现境内运输部分与境外运输部分的金额，那么进项税额应怎么处理？

购进国际旅客运输服务不允许抵扣进项税额36号文附件4《跨境应税行为适用增值税零税率和免税政策的规定》第三条规定，按照国家有关规定应取得相关资质的国际运输服务项目，纳税人取得相关资质的，适用增值税零税率政策，未取得的，适用增值税免税政策。按照相关政策规定，国际旅客运输服务适用增值税零税率或免税政策，与此对应的，纳税人购进国际旅客运输服务也就不允许抵扣进项税额了。

【例5-5】甲公司为增值税一般纳税人，2021年12月，取得本单位员工高铁车票，票面金额共计21 800元；取得劳务派遣员工高铁车票，票面金额共计10 900元；取得外聘兼职讲师飞机票，票面金额共计5 450元。取得的票据都按照规定注明了旅客身份信息。甲公司当月准备抵扣的进项税额为多少？

除签订劳动合同的员工及劳务派遣员工以外，其他身份人员发生的国内旅客运输服务，其进项税额不允许抵扣，第31号公告第一条第（一）项规定，"国内旅客运输服务"限于与本单位签订了劳动合同的员工，以及本单位作为用工单位接受的劳务派遣员工发生的国内旅客运输服务。在企业的生产经营活动中，为企业外出办事，除与本单位签订了劳动合同的员工，以及本单位作为用工单位接受的劳务派遣员工以外，有时也会有其他人员参与，如临时雇用的人员、客户等，那么这类人员发生的国内旅客运输服务费用，其进项税额是不允许抵扣的。因此，甲公司当月准予抵扣的进项税额为2 700元［(10 900+21 800)÷1.09×9%］。

三、差旅费个税处理

个人所得税的征收规定指出对真实合理的差旅费补助不征收个人所得税，但对利用税收政策，变相发放工资薪酬、补助、津贴行为征收个人所得税。因此，人们对差旅费税务处理存在较大争议。

对于本企业员工的差旅费税务处理，一般遵循以下三项原则。（1）实行据实报销原则。据实报销指对企业职工因公出差所产生的费用，根据能够提供真实可靠的实际合法凭证，如火车票、汽车票、机票所示金额，进行报销，不存在出差职工取得个人收入情况。（2）实行"半包"报销原则。"半包"报销一般是对路费、住宿费据实报销，而对伙食费按每日固定标准报销。在这一原则下，如果企业发放的差旅费补贴符合国家标准，则根据规定予以免征收个人所得税；如果企业发放的差旅费补贴超过国家标准，税务机关则要衡量是否存在以差旅费补贴的名义发放工资薪酬、补助、津贴等，如存在则依法征收个人所得税。（3）实行"全包"报销原则。"全包"报销指的是对于企业职工因公出差时，按照每日固定出差费用进行报销。在这一原则下，如果企业发放的差旅费符合国家规定标准，则应根据规定免征个人所得税；如果企业发放的差旅费超过国家标准，则有可能被税务机关认定为以差旅费的名义发放工资薪酬、补助、津贴等，应依法征收个人所得税。

关于非本单位员工的差旅费处理问题，由于非本单位员工的差旅费没有明确的相关规定，所以处理起来有一定的麻烦。主要存在以下几种情况：一是外单位人员提供有偿劳务，在合同约定了由本单位报销差旅费的前提下，差旅费行为属于支付劳务费用；二是外单位人员提供无偿劳务，这种情况下合同没有明确规定差旅费责任，但本企业自愿报销交通、住宿费用，应视为业务招待费或业务宣传费，在税前予以扣除。

第六章

财务费用管控与税务处理

为了巩固您对本章内容的理解，便于今后工作中的应用，达到学以致用的目的，我们录制了视频课程，您可以扫描下面的二维码进行观看。

第一节 财务费用管控

一、利息支出和手续费控制

货币资产是企业资产的重要组成部分,同时也是企业长久运作的基础要素。企业所有的运营与生产过程都和资金密不可分。加强资金信息管理可以推动企业财务工作有效运行,不仅能给企业创造收益,还能提高资金利用率,便于企业的资源优化与整合。因此,企业应强化资金管理,降低财务费用,提高资金管理质量,加大资金安全管理力度,创新资金管理方式,密切监控资金流转过程,优化资金内部控制方案,建设专项资金管理,进行多渠道融资。企业控制利息和手续费支出的具体措施如下。

(1)明确利息支出的责任人及其职责。在利息支出控制或提高利息收益方面,财务负责人是主要责任人。其主要职责是向总经理或者董事会按时报告各个项目资金使用情况,并提出合理化建议,增加利息收益或者减少利息支出,让企业获得更多的收益。

(2)控制利息支出的三个措施。

首先,加强资金的计划管理与调度,尽量减少高成本负债;合理选择投资项目和投资领域,避免因盲目投资导致企业资金和利益受损;提高存货周转率,减少存货占用的现金,缩减资金需求,尽可能减少负债。

其次,尽可能利用低成本的资金,与金融机构协商,争取获得低利息负债,如短信用借款;与供应商协商,争取较长信用期限的应付账款,从而用这笔应付账款支付高成本债务。

最后,加强应收账款的回收工作。第一,设置信用部门,做好应收账款客户资信评估和动态评价工作,加强对应收账款的管理,强化应收账款的回收制度,从而减少不合理的资金占用,有效缓解资金紧张局面,保证资金的正常周转。第二,与企业产品的购买方协商,争取用最低成本的现金折扣提前收回货款,从而用这笔应收账款支付高成本债务。

(3)财务手续费是指企业得到金融机构服务时需支付的手续费。企业在享受金融机构的服务时,所支付的费用一般要听从于金融机构的定价,所以企业对于财务手续费没有直接的控制权。

企业可以选择资产优、信誉高、服务优、优惠幅度大的银行作为企业的开户行,并与其保持长期、良好的合作关系,争取获得手续费方面的优惠。同时,企业可开通网上银行交易通道,利用好网上银行交易手续费较低、方便快捷的优势。

(4)控制证券公司手续费。证券公司手续费主要包括企业开设证券账户的开户费、委托费、佣金、过户费等费用。企业在办理证券公司开户费时，可以选当地证券机构，避免异地开设证券账户发生手续费。企业可以根据自身需求，以及交易方式手续费用的多少，确定适合自身情况的交易方式。委托费主要用于支付通信等方面的开支，一般按"笔"计算，在交易时尽量选择本地券商进行交易，这样委托费用较低。佣金是企业在委托券商买卖成交后所需支付给券商的费用。

随着经济的不断发展，很多企业选择走出去，参与国际市场的竞争，企业利用外币进行结算的频率越来越高。为了有效防范外汇市场的汇率风险，尽可能降低企业在利用外币结算或进行外汇交易时的汇兑损失，企业可以采取下列六种措施：一是根据汇率走势及时调整进出口业务结构；二是合理选择进出口业务结算时使用的货币；三是对设定后现金折扣进行审查；四是合理运用外汇理财产品（如外汇结构性存款）；五是运用外汇品种组合策略；六是积极利用金融衍生工具（如套期保值）。

企业应积极参加金融市场交易业务，利用各种金融工具包括衍生金融工具等手段进行交易，有效应对国际金融市场的汇率风险，控制汇兑损失，最大程度上降低因汇兑损失而造成的现金外流。

【例6-1】20××年5月1日，某进口商与美国客户签订总价为300万美元的汽车进口合同，付款期为3个月（实际天数为92天），签约时美元兑人民币汇率为1美元=6.270 9元人民币。由于近期美元兑人民币汇率波动剧烈，企业决定利用外汇远期进行套期保值。签订合同当天，银行3个月远期美元兑人民币的报价为6.265 4/6.272 1，企业在同银行签订远期合同后，约定3个月后按1美元兑6.272 1元人民币的价格向银行卖出18 816 300元人民币，同时买入 300 万美元用以支付货款，具体如表 1 所示。

表 1　进口商与美国客户签订合同金额

项目	汇率（美元/人民币）	合同金额	折合人民币
5月1日签订进口合同	即期汇率：6.270 9	300 万美元	18 812 700 元
5月1日利用外汇远期	3 个月远期汇率：6.272 1	300 万美元	18 816 300 元
8月1日合同到期收汇	即期汇率：6.425 3	300 万美元	19 275 900 元

假设 3 个月后美元兑人民币即期汇率为 1 美元 = 6.425 3 元人民币，与不利用外汇远期进行套期保值相比，企业少支付货款 459 600 元（19 275 900 - 18 816 300）。

二、企业之间的借贷法律风险

企业之间的借贷合同或者行为仍应根据实际情况来确认其效力。目前的司法实践中，对于企业之间的借贷，如认定合同或者行为无效的，法院一般判令归还本金，并判令支付按同期银行贷款利率或者存款利率计算的利息。这也就意味着，企业和借贷人预定的利息条款有可能会被认定为无效而造成一定的损失。

另外，有限责任公司作为借贷人也存在回收资金方面的风险。《中华人民共和国公司法》第三条规定，公司以其全部财产对公司的债务承担责任。有限责任公司的股东以其认缴的出资额为限对公司承担责任。因此，如果借款方公司资产较少，其全部财产无法清偿到期债务。公司只能请求对方股东承担对方认缴出资额范围内的责任。而如果借款方公司注册资本系实缴资金，而公司又没有对方抽逃注册资金证据的情况下，就无法请求对方股东个人承担责任。而这种情况下，诉诸法院得到的胜诉判决也许会是一纸空文。

企业之间借贷的法律风险防范措施如下。

首先，建议企业直接将资金借贷给自然人而不是有限责任公司，债权到期时企业可以直接请求借贷人个人履行借贷的本金和利息。即便借贷人个人资产无法清偿债务，企业也可以申请对借贷人进行限制高消费，甚至申请将借贷人列入失信被执行人名单中，以达到对借贷人个人及家庭造成压力、促成其尽快归还借款的目的。目前我国法律并没有自然人破产的相关规定，因此企业可以通过恢复执行，来敦促借贷人还款直至债务清偿为止。

其次，建议企业要求借贷人对债务提供不动产抵押或者其他担保。若借贷人提供相应的不动产抵押，哪怕借贷人到期无法履行债务，也可以通过执行抵押不动产来获得优先受偿，以保证债权的实现。根据《中华人民共和国民法典》第四百零二条规定，不动产抵押应当办理抵押登记，抵押权自登记起时设立。因此，企业与借贷人签订借贷合同的同时，应当签订抵押合同并办理相应的抵押登记，然后再借出资金。如果借贷人名下没有不动产，也可以要求借贷人提供其他担保，包括但不限于提供设备车辆等动产质押，或者由资信较好的个人或企业进行担保。

最后，借贷合同的利率约定应当合法。2021年1月1日起施行的最高人民法院颁布的《关于审理民间借贷案件适用法律若干问题的规定》第二十五条规定，出借人请求借款人按照合同约定利率支付利息的，人民法院应予以支持，但是双方约定的利率超过合同成立时一年期贷款市场报价利率四倍的除外。

2021年12月中国人民银行授权全国银行间同业拆借中心公布一年期贷款市场报价利率为3.8%，目前法律支持出借人借贷合同约定的最高年利率为不超过15.2%。因此，即便企业在借贷合同中约定的利率再高，实际法律支持的合法利息范围也是有限的。综上，银行要依法规范企业之间的借贷行为，以防范相应的法律风险，避免不必要的损失。

三、借款费用的税会差异

在企业的现代化运行与发展中，结合借款费用资本化的功能和作用，企业资本化范围逐步扩大。企业的发展在一定程度上会受借款费用资本化的影响，确认成本费用时间延后，企业的利息费用也在借款费用资本化下得到了节约，从而提高了企业偿还债务的能力，进而推动企业更稳定、更高效地发展。

需要注意的是，在借款费用的处理上，税法与企业会计准则差异较大。会计上可以确认为资本化，税法上并不一定可以资本化。税法中有关借款费用资本化的规定如下：企业为购置、建造固定资产、无形资产和经过12个月以上的建造才能达到预定可销售状态的存货发生借款的，在有关资产购置、建造期间发生的合理的借款费用，应当作为资本性支出计入有关资产的成本，并依照规定扣除。企业会计准则规定的符合资本化条件的资产是指需要经过相当长时间（一年或一年以上）的购建或者生产活动才能达到预定可使用或者可销售状态的固定资产、投资性房地产和存货等资产。税法和会计的区别体现在，税法对于"为购置、建造固定资产、无形资产"没有12个月以上的规定，换言之，只要"为购置、建造固定资产、无形资产"无论是否经过12个月以上的建造才能达到预定可使用状态都需要资本化。而会计上规定，必须经过相当长时间（一般指一年或一年以上），才可以资本化。

【例6-2】 甲企业于2020年7月1日从银行借款购入一套大型设备，每月利息10万元，2020年12月31日安装后投入使用。

要求：在购置该设备期间（2020年7月1日—2020年12月31日）发生的借款费用会计上是否可以资本化？税法上是否可以在税前扣除？

甲企业在购置该设备期间（2020年7月1日—2020年12月31日）发生的借款费用，由于不超过一年（含一年），因此会计上不能资本化。

根据企业所得税相关规定，属于为购置、建造固定资产发生借款，在购置、建造期间发生的合理的借款费用应当资本化，计入该设备的成本。因此，甲企业该笔利息费用不能在税前扣除。

会计上，可直接归属于符合资本化条件的资产的购建或者生产的借款费用，应当予以资本化，而符合资本化条件的资产是指需要经过相当长时间的购建或者生产活动才能使用的资产，对于相当长时间，应当是指为资产的购建或者生产所必需的时间，通常为一年以上（含一年）。

本例中，该设备的购建时间没有超过一年，因此不能将对应的借款费用资本化。

税法上，对于企业为购置、建造固定资产、无形资产和经过 12 个月以上的建造才能达到预定可销售状态的存货发生的借款费用，在资产购置、建造期间的，应当予以资本化。

因此，企业所得税只对存货的建造期间提出了 12 个月以上的要求，对于固定资产和无形资产均未提及。本例中，该设备的购建期间虽然未超过一年，但也需将对应的借款费用资本化。

第二节

明股实债法律风险和税务处理

随着金融市场的不断发展变化,越来越多的投融资模式被创造出来,明股实债投融资模式就是其中的一种。明股实债是指投资回报不与被投资企业的经营业绩挂钩,也不根据企业的投资收益或亏损进行分配,而是向投资者提供保本保收益的承诺,根据约定定期向投资者支付固定收益,并在满足特定条件后由被投资企业赎回股权或者偿还本息的投资方式。对于明股实债,我们可从如下两个角度进行分析。

1. 会计处理

企业应当根据投资协议的实质,将相关资产确定为债权投资或权益投资,并按照新金融工具准则的相关规定进行处理。

2. 税法处理

以现金投资获取的利润将按照贷款服务的形式缴纳增值税，对合同中明确承诺到期还本的投资收益增值税征收（需注意银保监会有明确规定，任何模式的资金借贷，在合同中都不允许出现"保本保息"字样），投资方还需要对收取的利息进行增值税的缴纳，并且需要对到期本金与投资本金的差价进行增值税的缴纳。投资方开具增值税普通发票，被投资方收到发票后，进项税额不得在销项税额中抵扣。

目前，企业所得税的相关法律法规中针对明股实债投融资模式的处理方法还没有明确规定，所能参照的相关文件只有国家税务总局于2013发布的《国家税务总局关于企业混合性投资业务企业所得税处理问题的公告》，在此文件中将企业混合性投资业务划定为具有权益和债权双重特性的投资业务。基于上述文件，进行企业所得税处理需要同时满足五个条件：一是被投资方在接受投资方的投资后，需要按照双方签订的投资协议中约定的利率在规定时间内支付利息；二是在有明确的投资期限或特定的投资条件情况下，当投资期满或特定的投资条件都满足后，被投资方需要及时偿还投资本金或者赎回投资；三是投资方对被投资方的净资产不拥有所有权；四是投资方不拥有选举权和被选举权；五是投资方不得参与被投资方企业的日常生产经营活动。

投资企业应当于被投资企业应付利息的日期，确认收入的实现并计入当期应纳税所得额。而被投资方的相关利息支出，需要根据《国家税务总局关于企业所得税若干问题的公告》（国家税务总局公告2011年第34号）

第一条的规定，按照金融企业同期同类贷款利率计算的数额部分可以在税前扣除。如果投资双方属于关联企业，计算税前扣除金额时还应当注意《企业所得税法》及《企业所得税法实施条例》，以及《财政部 国家税务总局关于企业关联方利息支出税前扣除标准有关税收政策问题的通知》（财税〔2008〕121号）中关于关联企业债资比例的相关规定。对于被投资企业赎回的投资额，投资双方应于赎回时，将卖价与投资成本之间的差额确认为债务重组损益，分别计入当期应纳税所得额。

【例6-3】2019年1月1日，甲公司、乙公司（均为非金融企业）为进行战略合作投资设立丙公司。投资协议约定：甲公司、乙公司共投资2 000万元，持股比例各为50%。乙公司每年收到的固定收益不低于6%，当丙公司利润超过1 000万元时，超额部分可分得其中的35%，不派驻董事，不参与公司管理，对丙公司净资产不享有所有权。根据协议相关规定，当年末丙公司向乙公司（一般纳税人）支付利息150万元（按照银行同期金融机构贷款利率计算为120万元，同时债资比未超过2∶1）。投资满五年后，丙公司以1 200万元进行回购。对于上述情形，乙公司、丙公司在会计和税务上应当如何处理？

（1）乙公司（投资企业）的财税处理。对于乙公司，由于协议约定"不派驻董事、不参与公司管理、对丙公司净资产不享有所有权"，因此会计上将投资款项作为债权投资，按照新金融工具准则的规定进行核算；但税务上对于投资所得性质的界定可能存在争议，争议焦点主要在于应当将其界定为利息收入所得还是股息红利所得，不同的定性结果将会影响增值税和企业所得税的计算与缴纳。

①增值税。在持有期间，乙公司收到的按照固定利率计算的收入部分，名义上为投资产生的收益，但实质上构成借款利息收入。如果将其作为利息收入，根据《关于全面推开营业税改征增值税试点的通知》（财税〔2016〕36号，以下简称"36号文"）和《财政部 国家税务总局关于明确金融房地产开发教育辅助等增值税政策的通知》（财税〔2016〕140号）的规定，应当按照贷款服务对其全额缴纳增值税；如果将其视为股息红利收入，那么根据《财政部 国家税务总局关于明确金融房地产开发教育辅助等增值税政策的通知》（财税〔2016〕140号）的规定，保本收益、报酬、资金占用费、补偿金，是指合同中明确承诺到期本金可全部收回的投资收益。金融商品持有期间（含到期）取得的非保本的上述收益，不属于利息或利息性质的收入，不征收增值税。在回购时，乙公司收到的高于投资成本的部分应当作为贷款利息收入还是投资收益进行处理，增值税相关规定对此并未做出明确规定。因此，如果按照形式要件将其确认为利息收入，应当按规定缴纳增值税；如果按照实质要件将其确认为投资收益，则不属于增值税应税范围。

②企业所得税。《国家税务总局关于企业混合性投资业务企业所得税处理问题的公告》（国家税务总局公告2013年第41号）（以下简称"41号文件"）对"混合性投资"进行了范围界定，并对企业所得税的处理方式做出了明确规定：混合性投资同时满足规定中的五项条件时，投资方乙公司持有期间取得的利息收入，应当按照协议约定的应付利息时间确认收入的实现，计入当期应税所得额并计算纳税；被投资方丙公司进行赎回时，收到的赎回价款与投资成本之间的差额应当确认为债务重组损益，计入当期应

税所得额或者按规定进行税前扣除，符合一定条件的可以适用特殊性税务处理递延纳税。然而，对于不属于41号文件规定的混合性投资条件的行为，实务中对其的判断依然存在争议。对于存在争议的投资形式，在进行税务判断时可依据《企业所得税法实施条例》第一百一十九条对债权性投资的解释。由于目前融资形式具有多样性、收益具有多变性的特点，如果企业在协议中约定了未来期间一方给予另一方一定数额的"补偿"，且该"补偿"具有在预期的时间收到固定的收益的特点，则无论该"补偿"形式如何，都应将该笔投资界定为债权性投资，并将该笔收入计入应纳税所得额缴纳企业所得税。

（2）丙公司（被投资企业）的财税处理。对于丙公司，会计上将利息支出150万元计入财务费用，回购时按照新金融工具准则的规定进行核算；但税务上对于这部分支出及回购差额性质的界定也可能存在争议。

①增值税。如果丙公司将接受投资期间支付的款项作为利息支出处理，根据36号文的相关规定，企业购进的贷款服务，以及与该笔贷款直接相关的投融资顾问费、手续费、咨询费等费用，其进项税额不得从销项税额中抵扣；投资期满进行赎回时，根据金融商品转让的规定按照转让差额计算缴纳增值税，此时只能开具增值税普通发票；但如果将赎回价款不高于本金的部分作为偿还贷款、高于部分作为支付给投资方乙公司的"投资收益"，那么该笔收入不属于增值税征税范围，不需要缴纳增值税。

②企业所得税。丙公司接受投资期间支出的款项，如果将其作为"利息支出"处理，根据《企业所得税法》及《企业所得税法实施条例》的相

关规定，丙公司可以按规定进行税前扣除。需要强调的是，可扣除比例需要同时考虑债资比和银行同期金融机构贷款利率，超过部分不得在税前扣除。本例中，丙公司根据协议向乙公司支付利息150万元，不超过按照金融公司同期同类贷款利率计算的数额的部分，也就是120万元被准予税前扣除，汇算清缴时应当调增应纳税所得额30万元；如果将其作为"投资分红"处理，则根据相关规定，丙公司不得进行税前扣除，需要全额进行纳税调增。

第三节

集团内部资金拆借涉税分析

为优化营商环境、激发市场活力，近年来，国家制定了一系列税收优惠政策，以解决企业融资难、融资贵的问题。例如，对集团内部的无偿资金借贷行为免征增值税。大型企业集团为加强资金集中管理、提高资金使用效率，通常会在集团内部设立财务公司或资金管理中心，为集团成员单位提供资金管理服务。集团内部关联企业之间资金拆借的现象日益增多，企业资金拆借交易非常普遍。企业集团内部资金拆借可以降低集团公司整体融资成本，所以处理好关联企业资金拆借的涉税问题尤为重要。下面我们就无偿资金拆借、统借统还资金拆借和关联企业资金拆借的涉税问题进行分析。

一、无偿资金拆借

无偿资金拆借是相关主体之间资金拆借的一种具体实践表现。资金拆借原本指金融机构之间调节临时资金余缺而进行的资金短期借贷活动。随着相关经济实践的发展，企业之间的资金拆借也越来越常见，并且得到了法律上的认可。资金拆借不仅有利于维护企业自主经营、保护企业法人人格完整，而且有利于缓解企业"融资难""融资贵"等问题，满足企业经营发展需要；不仅有利于规范民间借贷市场有序运行，促进国家经济稳健发展，而且有利于统一裁判标准，规范民事审判尺度。

需要特别注意的是，在税收责任上，关于关联企业之间的无偿资金拆借行为是否需要视同销售履行相关纳税义务，不同情况下增值税和企业所得税相关规定也有所不同。

关于集团企业内部无偿资金拆借涉税问题，我们可从如下两个方面进行分析。

（1）增值税的相关规定。根据《财政部 税务总局关于明确养老机构免征增值税等政策的通知》（财税〔2019〕20号）中"自2019年2月1日至2020年12月31日，对企业集团内单位（含企业集团）之间的资金无偿借贷行为，免征增值税"。同时，文件中规定"本通知自发布之日起执行，此前已发生未处理的事项，按本通知规定执行"。可见，该条款对于营改增之后的期间政策进行了追溯明确。另外，根据《财政部 税务总局关于延长部分税收优惠政策执行期限的公告》（2021年第6号）规定，上述免税政策税收优惠执行期限已延长至2023年12月31日，即自2019年2月1日至2023年12月31日，对企业集团内单位（含企业集团）之间的资金无偿借贷行为，免征增值税。那么，哪些企业属于集团内部的企业呢？

免税政策适用主体为企业集团内单位（含企业集团），即集团内部成员企业之间无偿的资金往来均免征增值税。对于不属于企业集团内企业之间的无偿拆借资金，无论是否关联企业，都需要视同销售征收增值税。将全资子公司、绝对控股子公司纳入集团范围无任何异议，但其他参股公司是否可以纳入集团范围，在实际操作中会产生一定争议。例如，北京市税务局就将参股公司纳入集团范围，可以享受该优惠政策，但是有些地方的税务局，没有将参股公司纳入集团范围，这些参股公司则不享受该优惠政策。由于各地区税务处理不同，我们仅仅从集团内部管理来看，母公司与非全资子公司之间、全资子公司与非全资子公司之间，不会发生无偿资金拆借行为。若与非全资子公司开展无偿资金拆借，必将导致股东方利益受损，有悖于"同股同权同责"原则。因此，集团内单位的无偿资金往来，必然是母公司与全资子公司，或在母公司主导下全资子公司之间的资金往来。

（2）企业所得税的相关规定。《企业所得税法》第四十一条规定："企业与其关联方之间的业务往来，不符合独立交易原则而减少企业或者其关联方应纳税收入或者所得额的，税务机关有权按照合理方法调整。"同时，《特别纳税调查调整及相互协商程序管理办法》（国家税务总局公告2017年第6号）第三十八条规定："实际税负相同的境内关联方之间的交易，只要该交易没有直接或者间接导致国家总体税收收入的减少，原则上不作特别纳税调整。"因此，企业集团内关联企业之间发生的无偿资金拆借行为，是否需要按照独立交易原则进行特别纳税调整，判断依据是借贷双方之间是否存在税负差（税负比率＝实际缴纳的企业所得税/应纳税所得额）。对于不存在税负差的集团内部关联企业，由于一方确认利息收入计算纳税，另外一方确认利息费用可在税前列支，集团整体税负保持不变，交易没有直接或者间接导致国家总体税收收入减少，按规定不作特别纳税调整，即不存在税负差的集团内部关联企业之间的无偿资金拆借行为，无须缴纳企业所得税。

【例6-4】A、B同属集团内公司，B是A的子公司。2021年1月，A公司向金融机构借入100万元资金，利率为5%，并将其借给B公司。2021年12月，A公司按时归还金融机构利息5万元，但并未向B公司收取利息。试分析A公司应做何税务处理？

根据《企业所得税法》《企业所得税法实施条例》《税收征管法》中的相关规定，关联企业之间应当按照独立交易原则进行税务处理，即可以理解为关联公司无偿提供资金借贷，A公司应确认为利息收入5万元，做企业所得税收入调增5万元。

由于资金没有直接用于A公司的生产经营，利息支出不具有相关性，根据《企业所得税法》及《企业所得税法实施条例》的规定，利息支出不允许在税前扣除，所以应将A公司的利息支出5万元进行相应纳税调增处理。

在实际审核中，我们发现关联企业之间的无偿资金借贷调整事项主要涉及上述的分析调整。而在双方税率相同且不会导致国家总体收入减少的情况下，对具体转让定价金额的调整并不多见。

二、统借统还资金拆借

统借统还是指企业集团或者企业集团中的核心企业向金融机构借款或对外发行债券取得资金后,将所借资金分拨给下属单位(包括独立核算单位和非独立核算单位),并向下属单位收取用于归还金融机构或债券购买方本息的业务;或者是企业集团向金融机构借款或对外发行债券取得资金后,由集团所属财务公司与企业集团或者集团内下属单位签订统借统还贷款合同并分拨资金,向企业集团或者集团内下属单位收取本息后,再转付企业集团,由企业集团统一归还金融机构或债券购买方的业务。

在企业集团实施资金统一管理的模式下,按照目前的税收政策,企业在处理统借统还分拆使用资金业务时,需要在统借方选择、资金流向设计、利息分摊方式等方面进行合理设计和安排,只有这样才能充分享受税收优惠,做好资金管理。

关于集团企业内部统借统还涉税问题,我们从以下三个方面进行分析。

1. 增值税税务处理

根据 36 号文相关规定:"统借统还业务中,企业集团或企业集团中的核心企业以及集团所属财务公司按不高于支付给金融机构的借款利率水平或者支付的债券票面利率水平,向企业集团或者集团内下属单位收取的利息,免征增值税。"换言之,统借方向资金使用单位收取的利息,高于支付给金融机构借款利率水平或者支付的债券票面利率水平的,应全额缴纳增值税。

这里我们需要注意如下四个问题。

（1）资金来源

统借统还业务享受免征增值税的资金来源必须是向金融机构借款或对外发行债券取得的资金，非金融机构借款资金不属于上述范围。若企业集团将自己拥有的资金或股权融资资金直接借给或委托银行贷给下属单位并收取利息，则此部分利息收入不符合免征增值税的规定。另外，部分企业集团为方便向银行取得贷款或发债便利，以专款专用的名义取得款项后，再以统借统还名义将资金分拨给下属单位使用，因此项资金具有专门用途，一般会在合同条款中约定只能由借款方自用和不允许转贷，由此收取的利息亦不符合免征增值税的规定。

【例6-5】甲集团公司2021年1月向中国银行借款5亿元用于下属各个公司的生产经营。甲集团公司按照向中国银行借款的利率，与下属单位签订统借统还合同，下属单位按照合同约定向甲集团公司支付利息。上述借款符合统借统还的相关规定。2021年7月，甲集团公司由于自身资金充裕，将原借款5亿元提前归还中国银行，但是甲集团公司仍按统借统还的名义向下属单位收取利息。那么，甲集团公司的这种做法对吗？

甲集团公司在向金融机构借款后，不能再以统借统还的名义收取利息，原因是甲集团公司在归还金融机构借款后，资金来源已不属于外部资金，因此不能再享受免税优惠。

（2）借款主体——统借方

借款主体仅限于企业集团与企业集团中的核心企业。目前，企业集团核准登记事项已取消，企业集团不再需要审批核准申请企业集团登记证，改由集团企业的母公司登记、公示。集团母公司除了在章程中记载和登记名称外，还应当将集团纳入统借统还的集团成员信息通过国家企业信用信息公示系统向社会公示。但是现行政策中并未对何为"核心企业"做出明确规定，税务实践中一般认为是企业集团中规模较大、重要的成员公司。

（3）分拨层级及资金流向

统借方必须是企业集团核心企业或财务公司，不包括成员企业，即资金的分拨权仅限于企业集团核心企业或财务公司。若被分拨资金的第一层企业又将借款分拨给自己的下层公司，则不能享受统借统还政策。统借统还资金的流向受到严格限制，资金的流向仅限于以下两种模式：一是"金融机构→企业集团核心企业→成员企业"；二是"金融机构→企业集团的财务公司→成员企业"，具体如图6-1所示。

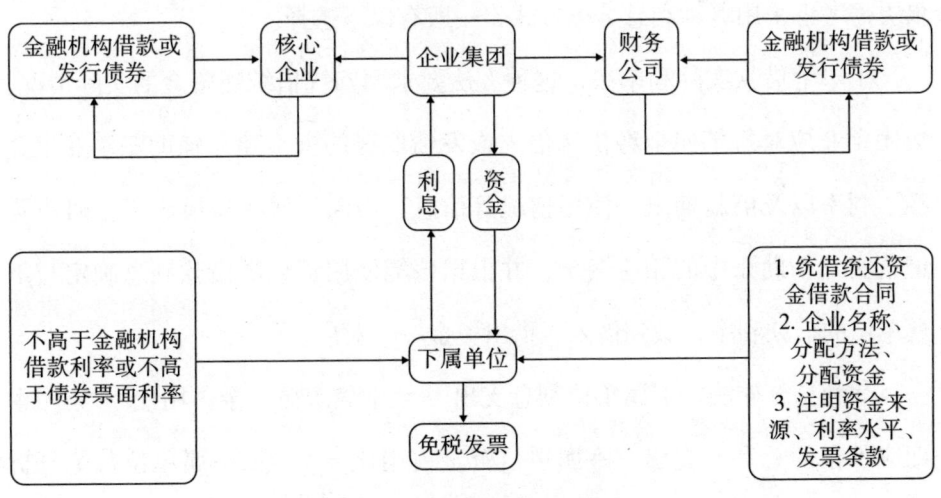

图6-1　统借统还资金流向模式

【例6-6】企业集团A以10%的利率从某银行取得借款1 000万元,随后将这1 000万元以同样10%的利率分拨给下属子公司B,子公司B收到款项后,同样以10%的利率再借给其子公司C。试分析企业集团A和子公司B能否享受统借统还的免税政策。

在此例中,企业集团A拨款给子公司B的业务可以免税,而子公司B再将款项借给其子公司C的业务不能适用免税政策。因为B公司是被分拨资金的第一层企业,其又将拨款借给自己的下属子公司C,则不能享受统借统还政策。

(4)利息分摊方式

统借方向资金使用的成员企业收取的利息不得高于支付给金融机构借款利率水平,若高于支付给金融机构借款利率水平或者债券票面利率水平,则应全额缴纳增值税。统借方向下属单位分拆资金并约定回收本息的,统借方需考虑采用哪种利息分摊方式,一般有以下选择。

①单笔借款实际利率法,这种方法要求回归统借统还资金的实际情况。集团企业应对每笔向金融机构借入或发债取得的资金建立辅助账,登记金额、利率以及借款期限、使用情况等信息。当向下属单位借出资金时应登记落实到辅助账中的相应资金,并根据该笔使用资金的借款利息确定与下属单位的借款利率,做到借入、借出资金一一对应。

②利息分摊法。下属单位利息支出 = 该下属单位资金占用比 × 集团本期应承担的总利息支出。下属单位资金占用比 = ∑(该下属单位每笔分拆本金 × 每笔资金实际占用天数) ÷ ∑(集团每笔借款 × 每笔资金实际借款

天数）。

③平均利率法。下属单位利息支出＝该下属单位计息总额×集团综合平均利率。计息总额＝∑（该下属单位每笔分拆本金×每笔资金实际占用天数）。集团综合平均利率＝集团本期应承担的总利息支出÷∑（集团每笔借款×每笔资金实际借款天数）。

④最低利率法。选择同期统借业务中金融机构收取的最低贷款利率作为与下属单位的结算利率。

单笔借款实际利率法的利息分摊核算最为准确，借出的资金成本基本可全部下沉至实际使用资金的单位，但是需梳理每笔借入、借出资金，工作量大。利息分摊法、平均利率法操作简化，分摊结果也相对合理，但是仍需要在期末汇总多笔资金，核算分摊。最低利率法操作最为简单，在分拨资金时即可确定利率标准，但是对于统借方而言，需承担利率差部分的资金成本。

2. 企业所得税税务处理

根据《企业所得税法实施条例》第三十八条规定，非金融企业向非金融企业借款的利息支出，不超过按照金融企业同期同类贷款利率计算的数额的部分，准予扣除。可见，非金融类关联企业之间资金拆借所产生的资金利息，属于准予税前扣除的情形，但对于超过金融企业同期同类贷款利率的部分，则不可以进行税前扣除。在具体实务中，因统借统还业务在利率方面对增值税的免税条件进行了明确规定，统借统还业务利率水平原则上不会超过金融企业同期同类贷款利率，但是需要考虑接受关联方债权性投资与其权益性投资比例。金融企业的债资比为 5∶1，其他企业的债资比为 2∶1。

企业集团从银行贷款后，转借给下属企业，应该认定为关联方借款。依据《国家税务总局关于印发〈特别纳税调整实施办法［试行］〉的通知》（国税发〔2009〕2 号）第八十五条、八十七条规定，关联债权投资不仅包括关联方以各种形式提供担保的债权性投资，而且还包括直接或间接关联债权投资实际支付的利息、担保费、抵押费和其他具有利息性质的费用。

3.印花税税务处理

2022 年 7 月施行的《中华人民共和国印花税法》，将借款合同征税范围相关表述调整为银行业金融机构、经国务院银行业监督管理机构批准设立的其他金融机构与借款人的借款合同。可见，纳税人与金融机构签订借款合同应缴纳印花税，与非金融机构签订借款合同则无须缴纳印花税。在统借统还具体实务中，企业集团与金融机构签订的统借合同，需要按"借款合同"税目缴纳印花税，企业集团与集团下属单位签订的分拨资金合同，不属于印花税暂行条例列举的应税项目，无须缴纳印花税。企业集团以发行债券筹集统借统还资金时，与承销商签订的债券承销协议，不属于与银行及其他金融机构签订具有借款合同效力的凭证，不需要按"借款合同"缴纳印花税。但是，如果企业集团以财务公司模式分拨资金，因企业集团财务公司属于非银行金融机构，因此企业集团及下属单位与财务公司签订的借款合同，需要按"借款合同"税目缴纳印花税。

关于发票开具的问题，根据36号文的相关规定，统借统还业务属于增值税免税项目，但是免税项目同样也属于增值税应税范围。企业集团在向下属单位收取利息时，应向其开具免税增值税普通发票，下属单位以免税增值税普通发票作为成本列支依据在企业所得税前扣除。

【例6-7】2022年7月1日，甲企业集团从银行取得贷款后，通过统借统还形式向乙企业发放贷款200万元，贷款利息为8%，假定银行同期同类贷款利率为8%，甲企业、乙企业能够向税务机关提供相应资料证明其交易符合独立交易的原则，且不属于金融企业。乙企业注册资本金为1 000万元。2022年末，乙企业向甲企业支付8万元的利息费用。试分析甲企业和乙企业的相关税务处理。

（1）增值税税务处理。在统借统还业务中，统借方向企业集团内的下属企业收取的利息，不高于其支付给金融机构的借款利率或者对外发行债券的债券利率，该利息收入免征增值税。因此，甲企业向乙企业收取的8万元利息免征增值税。

（2）企业所得税税务处理。根据《企业所得税法实施条例》第三十八条规定，非金融企业向非金融企业借款的利息支出，不超过按照金融企业同期同类贷款利率计算的数额的部分，准予扣除。甲企业集团从银行贷款后转借给乙企业，被认定为关联方借款，所以需要考虑债权性投资与其权益性投资的比例。由于甲和乙不属于金融企业，且债资比未超过2∶1，所以乙企业向甲企业支付的8万元利息，可以在税前扣除。

（3）印花税税务处理。在统借统还具体实务中，甲企业集团与金融机构签订的统借合同需要按"借款合同"税目缴纳印花税。甲企业集团与乙企业签订的分拨资金合同，不属于印花税暂行条例列举的应税项目，无须缴纳印花税。

（4）发票的税务处理。银行向甲企业集团开具税率为6%的普通发票，而甲企业集团向乙企业开具免税增值税普通发票，乙企业以免税增值税普通发票作为成本列支依据在企业所得税税前扣除。

三、关联企业资金拆借

关联企业之间的资金拆借活动，主要涉及增值税、企业所得税和印花税。印花税分析结论同上述统借统还相关业务，即借贷双方若涉及集团内部财务公司则需贴花，其他情形则不予贴花，这里不再对印花税进行分析。

1. 增值税税务处理

关联企业间的资金借贷，不论是有偿的还是无偿的，均应按照"金融服务"中的"贷款服务"计算缴纳增值税，税率为6%。

2. 企业所得税税务处理

关联企业资金借出方需确认利息收入。对于关联企业间拆借资金，提供资金的一方应按照独立交易原则，根据规定确认利息收入，计算缴纳企业所得税。

（1）利息税前扣除受利率的限制。企业在按照合同要求首次支付利息并进行税前扣除时，应提供"金融企业的同期同类贷款利率情况说明"，以证明其利息支出的合理性。若利息超过同期同类贷款利率部分，则存在被纳税调整的风险。

关于金融企业同期同类贷款利率确定的问题，《国家税务总局关于企业所得税若干问题的公告》（国家税务总局公告 2011 年第 34 号）："根据《企业所得税法实施条例》第三十八条规定，非金融企业向非金融企业借款的利息支出，不超过按照金融企业同期同类贷款利率计算的数额的部分，准予税前扣除。"

鉴于目前我国对金融企业利率要求的具体情况，企业在按照合同要求首次支付利息并进行税前扣除时，应提供"金融企业的同期同类贷款利率情况说明"，以证明其利息支出的合理性。"金融企业的同期同类贷款利率情况说明"中，应包括在签订该借款合同时，当地任何一家金融企业提供同期同类贷款利率情况。该金融企业应为经政府有关部门批准成立的可以从事贷款业务的企业，包括银行、财务公司、信托公司等金融机构。同期同类贷款利率是指在贷款期限、贷款金额、贷款担保以及企业信誉等条件基本相同的情况下，金融企业提供贷款的利率。其既可以是金融企业公布的同期同类平均利率，也可以是金融企业对某些企业提供的实际贷款利率。

（2）利息税前扣除受债资比的限制。根据相关规定，企业实际支付给关联方的利息支出，满足其接受关联方债权性投资与其权益性投资比例为：金融企业为5∶1；其他企业为2∶1，计算得出的利息支出准予扣除，超出部分不得在发生当期和以后年度扣除。同时，针对接受关联方债权性投资利息支出税前扣除的问题，《财政部 国家税务总局关于企业关联方利息支出税前扣除标准有关税收政策问题》（财税〔2008〕121号）规定，企业如果能够按照税法及其实施条例的有关规定提供相关资料，并证明相关交易活动符合独立交易原则的；或者该企业的实际税负不高于境内关联方的，其实际支付给境内关联方的利息支出，在计算应纳税所得额时准予扣除。可见，对于关联方借款利息超出债资比的部分，只要符合上述条件，也可在税前进行扣除。

【例6-8】B公司系A公司（母公司）控股子公司。B公司由A公司担保向银行借款300万元，年利率为5%。因B公司到期无力偿还，A公司承担担保责任，替B公司偿还了银行借款300万元，因此B公司应偿还A公司垫付的资金并支付利息。2021年12月1日，B公司收到A公司转来的银行利息计算单复印件，按银行利率计算应付给A公司利息15.9万元。B公司注册资金为100万元，金融企业同期同类贷款利率为5%。试分析该笔资金拆借业务的税务处理。

B公司支付给A公司的垫付资金利息，主要涉及两个税种的税务处理：一是增值税税务处理；二是企业所得税税务处理。

（1）增值税税务处理。B公司支付给A公司的垫付资金利息，属于借款利息支出。A公司收到的垫付资金利息收入，属于贷款利息收入。根据36号文附件1《营业税改征增值税试点实施办法》中《销售服务、无形资产、不动产注释》的规定，A公司收取B公司的垫付资金利息，应按"贷款服务"税目、税率6%计算缴纳增值税，并应开具增值税普通发票交B公司作为报销凭证。另外，36号文附件1第二十七条规定："下列项目的进项税额不得从销项税额中抵扣……（六）购进的旅客运输服务、贷款服务、餐饮服务、居民日常服务和娱乐服务。"B公司付给A公司的垫付资金利息，属于购进贷款服务，即便取得增值税专用发票也不得抵扣增值税进项税额。

（2）企业所得税税务处理。B公司付给A公司的垫付资金利息，属于利息支出，原则上，按税法规定可在企业所得税税前扣除。但是为避免纳税风险，在计算企业所得税应纳税所得额时，B公司应关注如下纳税调整事项。

《企业所得税法实施条例》第三十八条规定："企业在生产经营活动中发生的下列利息支出，准予扣除：（一）非金融企业向金融企业借款的利息支出、金融企业的各项存款利息支出和同业拆借利息支出、企业经批准发行债券的利息支出；（二）非金融企业向非金融企业借款的利息支出，不超过按照金融企业同期同类贷款利率计算的数额的部分。"B公司付给A公司的垫付资金利息支出15.9万元，属于非金融企业向非金融企业借款的利息支出，不超过按照金融企业同期同类贷款利率计算的数额的部分利息支出，允许税前扣除。

B公司与A公司之间属于关联企业间关系。《财政部 国家税务总局关于企业关联方利息支出税前扣除标准有关税收政策问题的通知》(财税〔2008〕121号)规定:"一、在计算应纳税所得额时,企业实际支付给关联方的利息支出,不超过以下规定比例和税法及其实施条例有关规定计算的部分,准予扣除,超过的部分不得在发生当期和以后年度扣除。企业实际支付给关联方的利息支出,除符合本通知第二条规定外,其接受关联方债权性投资与其权益性投资比例为:(一)金融企业,为5∶1;(二)其他企业,为2∶1。二、企业如果能够按照税法及其实施条例的有关规定提供相关资料,并证明相关交易活动符合独立交易原则的;或者该企业的实际税负不高于境内关联方的,其实际支付给境内关联方的利息支出,在计算应纳税所得额时准予扣除。"因此,B公司还应关注关联企业借款利息纳税调整问题。如果A公司为B公司垫付的资金不超过税法规定的债资比例,则B公司支付给A公司的利息允许税前扣除;如果超过税法规定的债资比例,则超过债资比例的部分利息支出不得在税前扣除。例如,A公司垫付资金是300万元,投资是100万元,按2∶1债资比例计算,其中:不超过比例的200万元垫付资金的利息支出允许税前扣除,超过比例的100万元垫付资金的利息支出不允许税前扣除。如此,B公司付给A公司的垫付资金利息15.9万元,其中10.6万元(15.9÷300×200)允许在税前扣除,其余5.3万元(15.9÷300×100)不得在税前扣除,应做纳税调整,增加当期应纳税所得额5.3万元。

企业集团内部关联企业之间的资金拆借较为普遍,若每笔拆借业务均按独立交易计算利息并开具发票,缴纳的增值税不能构成抵税链条,会导致集团整体的增值税税负增加。集团内部的增值税免税政策主要为无偿拆借、统借统还两种形式，企业集团在实际操作中应用足两项免税政策；企业所得税相关政策主要是限制境内不同地区的纳税人因实际税负不同而多收取利息，导致少缴企业所得税，从而影响国库税收的问题。综上所述，关联企业在发生资金拆借行为时，在用足免税政策的前提下，应按照独立交易原则，据实分析交易双方税负差异，以最大限度降低纳税风险。

企业的资金核算与管理直接影响自身的发展速度，立足于企业的视角，资金信息与产品信息是至关重要的。我们要关注并强化资金管理，以降低财务费用。首先分析企业资金管理现状，其次从关注财务工作者职业意识培养、实施票据贴现业务等方面深入说明并探讨强化企业资金管理的途径，最后阐述企业强化资金管理与降低财务费用的思考，旨在使企业提高资金管理效率。

第七章

发票管理办法

为了巩固您对本章内容的理解,便于今后工作中的应用,达到学以致用的目的,我们录制了视频课程,您可以扫描下面的二维码进行观看。

第一节 发票管理和领用

一、发票的管理

国务院税务主管部门统一负责全国的发票管理工作。省级税务机关的发票管理工作由省税务机关负责；发票的种类、联次、内容以及使用范围由国务院税务主管部门规定。其中，在全国范围内统一式样的发票，由国家税务总局确定；在省、自治区、直辖市范围内统一式样的发票，由省税务机关确定；专票由国务院税务主管部门确定的企业印制；其他发票，按国务院税务主管部门的规定，由省税务机关确定的企业印制；发票应当套印全国统一发票监制章。全国统一发票监制章的式样由国务院税务主管部门规定，发票监制章由省税务机关制作。

二、发票的种类与适用范围

按照适用发票管理办法分类,发票分为常规发票和行业专业发票。常见的行业专业发票有:金融企业的存贷、汇兑、转账凭证;公路、铁路和水上运输企业的客运发票;航空运输企业提供的航空运输电子客票行程单、收费公路通行费增值税电子普票等。行业专业发票仅适用于特殊行业的特殊经营业务,对于特殊行业的常规经营业务,仍应使用常规发票。

按照增值税抵扣凭证分类,增值税发票分为增值税专用发票和增值税普通发票。

(1)增值税专用发票分为纸质发票和电子发票。增值税专用发票仅限于一般纳税人领用,但是自2020年2月1日起,除其他个人外,增值税小规模纳税人可以选择自开专票,包括小规模纳税人销售的不动产。增值税专用发票的基本联次为三联,分别为发票联(购买方)、抵扣联(购买方)和记账联(销售方)。一般纳税人不得领用开具专票的情形有以下几个。①会计核算不健全,不能向税务机关准确提供增值税销项税额、进项税额、应纳税额数据及其他有关增值税税务资料的。②有《税收征管法》规定的税收违法行为,拒不接受税务机关处理的。③有下列行为之一,经税务机关责令限期改正而仍未改正的:a.虚开专票,b.私自印制专票,c.向税务机关以外的单位和个人买取专票,d.借用他人专票,e.未按规定开具专票,f.未按规定保管专票和专用设备,g.未按规定申请办理防伪税控系统变更发行,h.未按规定接受税务机关检查。

（2）增值税普通发票主要由增值税小规模纳税人使用，增值税一般纳税人发生应税行为在不能开具专用发票的情况下也可使用普票。常见的普票有增值税纸质普票、机动车销售统一发票、增值税电子普票、收费公路通行费增值税电子普票、普票（卷式）、普票（折叠式）、门票、过路（过桥）费发票、定额发票、二手车销售统一发票和印有本单位名称的普票等。普票常见联次有存根联（收款方或开票方留存备查）、发票联和记账联。

我们都知道增值税专用发票可以作为抵扣增值税进项税额的凭证，但是有些特殊的普通发票一样可以作为抵扣增值税进项税额的凭证。例如，机动车销售统一发票、农产品销售发票、通行费发票、收费公路通行费电子普票、国内旅客运输服务的增值税电子普票、航空运输电子客票行程单、铁路车票和公路、水路等其他客票。

增值税发票管理系统自2015年1月1日起在全国范围推行增值税发票系统升级版，纳税人应使用增值税发票管理新系统选择相应的商品和服务编码开具增值税发票。纳入增值税发票管理新系统的发票，不再限于专票，还包括普票、机动车销售统一发票、增值税电子普票、普票（卷式）、印有本单位名称的普票（折叠票）和收费公路通行费电子普票、二手车销售统一发票。换言之，截至目前尚未纳入增值税发票管理新系统的发票主要有门票、过路（过桥）费发票、定额发票和客运发票。

若纳税人发票使用量较大，或统一发票式样不能满足经营活动需要，且纳税人有固定生产经营场所、财务和发票管理制度健全，可以申请冠名发票。冠名发票指用票单位可以书面向税务机关要求使用印有本单位名称的发票，税务机关依规定，确认印有该单位名称发票的种类和数量。冠名发票的使用仅限于普票。印制冠名发票要符合以下程序。第一，以纳税人名义书面向税务机关要求使用印有本单位名称的普票，税务机关按规定确认印有该单位名称发票的种类和数量。纳税人通过增值税发票管理新系统开具印有本单位名称的普票。第二，由国家税务总局统一招标采购的普票中标厂商印制，其式样、规格、联次和防伪措施等与税务机关统一印制的普票一致，并加印企业发票专用章。第三，印有本单位名称的普票的发票代码按照规定的编码规则编制。第四，使用印有本单位名称的普票的企业，按规定与发票印制企业直接结算印制费用。

　　领用发票的纳税人范围分为三类。第一，依法办理税务登记的单位和个人，在领取《税务登记证》或领取《营业执照》到税务机关办理落户手续后，可以申请领用发票，属于法定的发票领购对象。第二，依法不需要办理税务登记或领取《营业执照》的单位和个人，可以凭购销商品、提供或接受服务，以及从事其他经营活动的书面证明、经办人身份证明，直接向经营地税务机关申请代开发票。第三，临时到本省、自治区、直辖市以外从事经营活动的单位和个人，向机构所在地的税务机关填报"跨地区涉税事项报告表"，对按规定需要领用经营地发票的，应在按要求提供保证人或交纳保证金的前提下，向经营地税务机关领用。

三、发票领用

　　首次申领发票需要注意的事项如下。第一，发票票种的核定分为普票和专票两类。第二，增值税税控系统专用设备的领购初始发行，使用专票的纳税人或纳入增值税发票管理新系统的纳税人，通过增值税防伪税控系统使用增值税发票，应按规定向批准发行的机构领购金税盘或税控盘等专用设备；纳税人在领购金税盘或税控盘后，应到主管税务机关进行专用设备的发行。第三，新办纳税人首次申领增值税发票时间。

后续申领发票，需要重新（或补充）办理发票领用涉税事项的主要有：（1）名称变更或纳税识别号变更；（2）提高发票最高开票限额和增加发票领用数量；（3）小规模纳税人选择自开专票；（4）实行纳税辅导期管理的一般纳税人，领用的专票采取"限额开票、限量控制"；（5）如果纳税人名称、开票限额、购票限量、开票机数量等事项发生变更的，纳税人应到主管税务机关办理变更发行；如果纳税人识别号发生变化的，纳税人应到主管税务机关办理注销发行。

对于发票领用手续，企业需要注意以下三点。第一，在领用发票时，应当持经办人身份证明，根据不同情况携带金税盘、税控盘、报税盘、税控收款机用户卡、税务登记副本等，按国务院税务主管部门规定式样制作的发票专用章的印模，向主管税务机关办理发票领用手续。第二，未纳入增值税发票管理新系统的纳税人，应出示发票领购簿申领相应的发票；纳入增值税发票管理新系统的纳税人，可以持金税盘或税控盘及相关资料到主管税务机关领取相应的增值税发票。第三，关注发票领购手续方面的变革，目前，发票领用同城统办和网上领用发票已在许多地区实施。

对于发票的使用登记、保管、保存和缴销，开具发票的单位和个人应当建立发票使用登记制度，设置发票登记簿，并定期向主管税务机关报告发票使用情况；使用发票的单位和个人应当妥善保管发票。当发生发票丢失情形时，单位应当于发现丢失当日书面报告税务机关。开具发票的单位和个人应当在办理变更或者注销税务登记的同时，办理发票和发票领购簿的变更、缴销手续。使用增值税发票管理新系统的纳税人，发生注销或票种变更的，需在增值税发票管理新系统中对未开具的发票进行退回或作废操作，并携带增值税发票、专用设备及相关资料到主管税务机关办理发票退回或缴销手续；开具发票的单位和个人应当按规定存放和保管发票，不得擅自损毁；已经开具的发票存根联和发票登记簿，应当保存5年；保存期满，报经税务机关查验后销毁。

第二节

发票开具的范围及要求

一、发票开具的范围

销售商品、提供服务以及从事其他经营活动的单位和个人发生增值税应税行为时,收款方应当向付款方开具发票。一般情况下是收款方向付款方开具发票,但特殊情况下是由付款方向收款方开具发票。例如,收购单位和扣缴义务人支付个人款项时,或者国家税务总局认为其他需要由付款方向收款方开具发票的情形。

一般情况下收取款项开具发票都会发生应税行为,但是特殊情况下,存在着收取款项并未发生销售行为而开具发票的情形。发票是在对外经营业务收取款项时开具的,发票记载的经营业务金额是征收(免征)增值税的销售额,特殊情况下,收取款项未发生销售行为应开具普票,不得开具专票，并使用"未发生销售行为的不征税项目"编码，发票税率栏应填写"不征税"。常见的即使收取款项并未发生销售行为的情形有：（1）预付卡销售和充值；（2）销售自行开发的房地产项目预收款；（3）已申报缴纳营业税未开票而补开票；（4）通行费电子发票的不征税发票：①ETC后付费客户和用户卡客户通过政府还贷性收费公路部分的通行费，②ETC预付费客户选择在充值后索取发票的预付款；（5）建筑服务预收款等。

二、发票开具的基本要求

在开具发票时，企业应当按照规定的时限，做到按照号码顺序填开，填写项目齐全，内容真实，字迹清楚，全部联次一次打印，内容完全一致，并在发票联和抵扣联加盖发票专用章。开具发票应当使用中文，民族自治地方可以同时使用当地通用的一种民族文字。自2017年7月1日起，购买方为企业的，销售方为其开具普票时，应在"购买方纳税人识别号"栏填写购买方的纳税人识别号或统一社会信用代码。

运用增值税发票管理新系统开具发票时，一般情况下需要在互联网连接状态下在线开具发票，纳税人因网络故障等原因无法在线开票的，在税务机关设定的离线开票时限和离线开具发票总金额范围内仍可开票，超限将无法开具发票。自2018年1月1日起，纳税人通过增值税发票管理新系统开具增值税发票（包括专票、普票、增值税电子普票）时，商品和服务税收分类编码对应的简称会自动显示并打印在发票票面"货物或应税劳务、服务名称"或"项目"栏次中。

三、差额征税发票开具

不同国家的税制都是其独特文化、法律环境及征税能力的反映，我国正着手进行的增值税法改革也不例外，其中的增值税"差额征税"政策就具有中国税制的独特性。"营改增"后，我国的税制中仍保留了一些差额征税的条款。"营改增"涉及的差额征税是指销售服务的纳税人可按照原营业税相关政策进行差额征收，"以取得的全部价款和价外费用减去支付给被支付方的特定项目价款后的余额作为销售额"，以此作为计算增值税销项税额或应纳税额的依据及方法。"营改增"差额征税方式区别于增值税原有的税款抵扣制度，其是通过税法正向列举的方式进行抵扣的，明确了哪些业务销售额可以差额扣除。正向列举可以差额纳税的有三类，分别是差额纳税不得开具专票、差额纳税全额开具发票、差额纳税差额开具发票。目前，金融商品转让属于差额纳税不得开具专票。下面我们主要介绍差额征税全额开具发票和差额征税差额开具发票。

【例 7-1】天星公司持有一份至 2021 年 5 月 20 日到期的理财产品，买入价为 130 万元（含税金额）。2020 年 12 月 31 日，天星公司因资金运转需要，提前卖出该理财产品，卖出价为 151.2 万元（含税金额），金融商品转让适用税率为 6%。试分析天星公司应如何开具发票。

天星公司购入的理财产品在到期前转让，属于金融商品转让，应将卖出价减买入价的差额作为销售额,即(151.2-130)÷(1+6%)×6% = 1.2(万元),开具普通发票。

1. 差额征税全额开具专票

差额征税全额开具发票正向列举了六项应税行为。(1)融资租赁服务,可以扣除的金额为两息一税,即借款利息、发行债券利息和车辆购置税,全额开专票。(2)建筑服务适用简易计税方法的,可以扣除的金额为支付的分包款,全额开专票。(3)房地产开发企业中的一般纳税人销售其开发的房地产项目采用一般计税方法的,可以扣除的金额为受让土地时向政府部门支付的土地价款,全额开专票。(4)提供物业管理服务的纳税,可以扣除的金额为对外支付的自来水水费,全额开专票。(5)融资性售后回租服务,可以扣除的金额为两息,即借款利息和发行债券利息,无必要开专票,因下游不得抵扣进项税额。(6)客运场站服务,可以扣除的金额为支付给承运方的运费,无不得开专票规定。

【例7-2】假定甲公司向乙公司提供建筑服务,价税合计工程款1 000万元。甲公司将其中的400万元工程分包给丙公司。甲公司、丙公司实行简易计税,乙公司实行一般计税。试分析甲公司应如何开具发票。

甲公司可以全额开具专票。甲公司和丙公司作为上游公司都实行简易征收,增值税抵扣链条是无法连续的,因此应把二者视为一个整体。甲公司和丙公司共同为下游乙公司提供了1 000万元建筑服务,甲公司代表两家上游公司给乙公司开具价税合计1 000万元的全额专票,乙公司可以抵扣的进项税额是 29.13 万元，既符合增值税征多少抵多少的原则，避免重复征税，又满足乙公司账务处理的需要。甲公司按照 600 万元的含税销售额计算税额，缴纳增值税 17.48 万元，丙公司按照 400 万元的含税销售额计算税额，按照简易征收方式，也需缴纳增值税 11.65 万元，因此甲公司和丙公司纳税总额是 29.13 万元，与乙公司抵扣的税款一致，不存在乙公司多抵扣税款的问题。

2. 差额征税差额开具专票

差额征税差额开具发票正向列举了三项应税行为。（1）经纪代理服务，可以扣除的金额为向委托方收取并代为支付的政府性基金或者行政事业性收费，扣除部分不得开专票。（2）旅游服务，可以扣除的金额为向旅游服务购买方收取并支付给其他单位或者个人的住宿费、餐饮费、交通费、签证费、门票费和支付给其他接团旅游企业的旅游费用，扣除部分不得开专票。（3）劳务派遣，可以扣除的金额为代用工单位支付给劳务派遣员工的工资、福利和为其办理社会保险及住房公积金，扣除部分不得开专票。

对于差额征税差额开具专票，纳税人通过增值税发票管理新系统中差额征税开票功能，录入含税销售额（或含税评估额）和扣除额，系统自动计算税额和不含税金额，备注栏自动打印"差额征税"字样。发票开具不应与其他应税行为混开。在开具差额征税发票时，计算的税额系统自动填写于"税额"栏，全部含税价款与税额的差额系统自动填写于"金额"栏，"税率"显示"***"。

【例7-3】某劳务派遣公司（不考虑是增值税一般纳税人还是小规模纳税人）对提供劳务派遣服务的增值税选择按差额征税，税率为5%。2021年9月应收甲用工单位的劳务派遣收入32.55万元，应向派往该单位工作的劳务派遣人员支付工资福利16.45万元，为其缴纳社保费5.5万元、住房公积金2.2万元，款项通过银行收取和支付，发票已按应收数全额开具。试分析该劳务派遣公司应如何开具发票。

根据合同确认收入时，收入含税金额为32.55万元，其中贷方"应交税费——应交增值税（简易计税）"的金额为1.55万元（32.55÷1.05×5%），成本含税金额为25.83万元，其中借方"应交税费——应交增值税（简易计税）"的金额为1.15万元（24.15÷1.05×5%），简易计税方法下需要缴纳增值税金额为0.4万元。其中，24.15万元不得开具增值税专用发票，而差额部分8.4万元（32.55-24.15）可以开具增值税专用发票。

四、备注栏的填写

开具发票时，备注栏需要按照规定要求填写，符合条件但未按规定填写备注栏信息的增值税发票，将不能作为有效税收凭证。规范填写发票备注栏的具体要求如下。

（1）货物运输服务。增值税一般纳税人提供货物运输服务，使用增值税专用发票和增值税普通发票，开具发票时应将起运地、到达地、车种车号以及运输货物信息等内容填写在发票备注栏中，如内容较多可另附清单。

政策依据：《国家税务总局关于停止使用货物运输业增值税专用发票有关问题的公告》（国家税务总局公告 2015 年第 99 号）。

（2）差额征税差额开具发票。纳税人自行开具或者税务机关代开增值税发票时，通过新系统中差额征税开票功能，录入含税销售额（或含税评估额）和扣除额，系统自动计算税额和不含税金额，备注栏自动打印"差额征税"字样。政策依据：《国家税务总局关于全面推开营业税改征增值税试点有关税收征收管理事项的公告》（国家税务总局公告 2016 年第 23 号）。

（3）提供建筑服务。纳税人自行开具增值税发票时，应在发票的备注栏注明建筑服务发生地县（市、区）名称及项目名称。政策依据：《国家税务总局关于全面推开营业税改征增值税试点有关税收征收管理事项的公告》（国家税务总局公告 2016 年第 23 号）。

（4）销售不动产。纳税人自行开具或者税务机关代开增值税发票时，应在备注栏注明不动产的详细地址。政策依据：《国家税务总局关于全面推开营业税改征增值税试点有关税收征收管理事项的公告》（国家税务总局公告 2016 年第 23 号）。

（5）保险代收车船税发票。保险机构作为车船税扣缴义务人在开具增值税发票时，应在增值税发票备注栏中注明代收车船税税款信息。具体包括：保险单号、税款所属期（详细至月）、代收车船税金额、滞纳金、金额合计等。政策依据：《国家税务总局关于保险机构代收车船税开具增值税发票问题的公告》（国家税务总局公告 2016 年第 51 号）。

（6）销售预付卡。特约商户收到支付机构结算的销售款时，应向支付机构开具增值税普通发票，并在备注栏注明"收到预付卡结算款"，不得开具增值税专用发票。政策依据：《国家税务总局关于营改增试点若干征管问题的公告》（国家税务总局公告 2016 年第 53 号）。

（7）个人保险代理人汇总代开。主管国税机关为个人保险代理人汇总代开增值税发票，应在备注栏内注明"个人保险代理人汇总代开"字样。政策依据：《国家税务总局关于个人保险代理人税收征管有关问题的公告》（国家税务总局公告 2016 年第 45 号）。

（8）异地代开不动产经营租赁服务或建筑服务发票。税务机关为跨县（市、区）提供不动产经营租赁服务、建筑服务的小规模纳税人（不包括其他个人），代开增值税发票时，在发票备注栏中自动打印"YD"字样。政策依据：《国家税务总局关于全面推开营业税改征增值税试点有关税收征收管理事项的公告》（国家税务总局公告 2016 年第 23 号）。

五、发票作废与开具红字发票

增值税普通发票作废或开具红字发票的条件为必须收回原发票并注明"作废"字样或取得对方有效证明。纳税人需要开具红字普票的，可以在所对应的蓝字发票金额范围内开具多份红字发票，换言之，红字发票与原来的红字发票，可以不需要一一对应；红字机动车销售统一发票需与原蓝字机动车销售统一发票一一对应。

纳税人在开具专用发票当月，发生销货退回、开票有误等情形，收到退回的发票联、抵扣联符合作废条件的，按作废处理；开具时发现有误的，可即时作废。专票作废条件是指同时具有下列情形：（1）收到退回的发票联、抵扣联时间未超过销售方开票当月，（2）销售方未抄税并且未记账，（3）购买方未认证或认证结果为"纳税人识别号认证不符""专用发票代码、号码认证不符"。作废专票须在增值税发票管理新系统中将相应的数据电文按"作废"处理，在纸质专票（含未打印的专票）各联次上注明"作废"字样，全联次留存。

增值税专用发票开具红字发票，纳税人开具专票后，发生销货退回、开票有误、应税服务终止等情形但不符合发票作废条件，或因销货部分退回及发生销售折让，需要开具红字发票的。例如，购买方取得专票已用于申报抵扣的，购买方可在增值税发票管理新系统中填开并上传开具红字专票信息表，在填开开具红字专票信息表时，不填写相对应的蓝字专用发票信息，应暂依开具红字专票信息表所列增值税税额从当期进项税额中转出，待取得销售方开具的红字专票后，与开具红字专票信息表一并作为记账凭证。又如，购买方取得专票未用于申报抵扣但发票联或抵扣联无法退回的，购买方填开并上传开具红字专票信息表时，应填写相对应的蓝字专票信息。再如，销售方开具专票尚未交付购买方，以及购买方未用于申报抵扣，销售方可在新系统中填开并上传开具红字专票信息表。销售方填开并上传开具红字专票信息表时，应填写相对应的蓝字专票信息。

主管税务机关通过网络接收纳税人上传的开具红字专票信息表，系统自动校验通过后，生成带有"红字发票信息表编号"的开具红字专票信息表，并将信息同步至纳税人端系统中；销售方凭税务机关系统校验通过的开具红字专票信息表开具红字专票，在新系统中以销项负数开具。红字专票应与开具红字专票信息表一一对应；纳税人也可凭开具红字专票信息表电子信息或纸质资料到税务机关对开具红字专票信息表内容进行系统校验。

第三节 企业所得税税前扣除凭证

自 2008 年《企业所得税法》及《企业所得税法实施条例》实施以来，国家税务总局尚未统一规范税前扣除凭证的种类和管理要求。实际工作中经济活动复杂、业务形态多样，税前扣除凭证来源广泛、情形多样、种类繁多，征管实践中管理规定分散，征管方大多都坚持必须以发票作为税前扣除的主要或唯一的合法凭证，导致征纳双方观点不一致，分歧较大。

为进一步规范和完善税收执法，优化营商环境，国家税务总局于 2018 年 6 月 6 日发布了《企业所得税税前扣除凭证管理办法》的公告（国家税务总局公告 2018 年第 28 号），公告规定，企业所得税税前扣除凭证在管理中遵循真实性、合法性、关联性原则；企业应在当年度企业所得税法规定的汇算清缴期结束前取得税前扣除凭证；企业应将与税前扣除凭证相关的资料，包括合同或协议、支出依据、付款凭证等留存备查，以证实税前扣除凭证的真实性。

企业所得税税前扣除凭证分为两类，一是内部凭证，二是外部凭证。

内部凭证指的是企业自制用于成本、费用、损失和其他支出核算的会计原始凭证，如领料单、差旅费报销单等。外部凭证包括但不限于发票（包括纸质发票和电子发票）、财政票据、完税凭证、收款凭证、分割单等。

在境内发生的支出属于增值税应税项目的，对方为已办理税务登记的增值税纳税人，以发票（包括按照规定由税务机关代开的发票）作为税前扣除凭证；对方为依法无须办理税务登记的单位或者从事小额零星经营业务的个人，以税务机关代开的发票或者收款凭证及内部凭证作为税前扣除凭证，收款凭证应载明收款单位名称、个人姓名及身份证号、支出项目、收款金额等相关信息。例如，甲公司当日临时雇用保洁人员王某进行办公区域的清理，当日的清理费用为400元。保洁人员王某为从事小额零星经营业务的个人，可以开具收款收据给甲公司，并注明个人姓名及身份证号、支出项目为保洁费用、收款金额为400元等相关信息。

在境内发生的支出项目不属于增值税应税项目，对方为单位的，以对方开具的发票以外的其他外部凭证作为税前扣除凭证；对方为个人的，以内部凭证作为税前扣除凭证。例如，甲公司在施工过程中，把乙公司的电缆挖断了，需要向乙公司赔付500万元。乙公司收到赔偿款500万元，可以给甲公司开具收到赔偿款的证明，写明乙公司于20××年××月××日，收到甲公司的赔偿款，金额为500万元。甲公司可以用乙公司开具的赔偿款的证明作为税前扣除凭证。对方为个人的，以内部凭证作为税前扣除凭证。例如，春节前的集齐五福活动，集齐五福领取红包，活动方可以用活动证明和流水单作为税前扣除凭证。

企业从境外购进货物或者劳务发生的支出，以对方开具的发票或者具有发票性质的收款凭证、相关税费缴纳凭证作为税前扣除凭证。

分割单作为税前扣除凭证的规定,企业与其他企业(包括关联企业)、个人在境内共同接受应纳增值税劳务发生的支出,采取分摊方式的,应当按照独立交易原则进行分摊,企业以发票和分割单作为税前扣除凭证,共同接受应税劳务的其他企业以企业开具的分割单作为税前扣除凭证;企业与其他企业、个人在境内共同接受非应税劳务发生的支出,采取分摊方式的,企业以发票外的其他外部凭证和分割单作为税前扣除凭证,共同接受非应税劳务的其他企业以企业开具的分割单作为税前扣除凭证;企业租用(包括企业作为单一承租方租用)办公、生产用房等资产发生的水、电、燃气、冷气、暖气、通信线路、有线电视、网络等费用:如果出租方作为应税项目开具发票的,企业以发票作为税前扣除凭证;或者出租方采取分摊方式的,企业以出租方开具的其他外部凭证作为税前扣除凭证。

企业未取得合规发票不得作为税前扣除凭证,如有补救措施可以补开、换开发票,若支出真实且已实际发生,应当在当年度汇算清缴期结束前,要求对方补开、换开发票或其他外部凭证。补开、换开后的发票或其他外部凭证符合规定的,可以作为税前扣除凭证。如果因对方注销、撤销、依法被吊销营业执照、被税务机关认定为非正常户等特殊原因无法补开、换开发票或其他外部凭证的,可凭以下资料证实支出真实性后,其支出允许税前扣除:(1)无法补开、换开发票或其他外部凭证原因的证明资料(包括工商注销、机构撤销、列入非正常经营户、破产公告等证明资料);(2)相关业务活动的合同或者协议;(3)采用非现金方式支付的付款凭证;(4)货物运输的证明资料;(5)货物入库、出库内部凭证;(6)企业会计核算记录以及其他资料。(1)~(3)项为必备资料。

关于企业所得税税前扣除凭证,发票是税前扣除的重要凭证,但不是唯一凭证。有时即使没有发票,只要能证明支出的真实合法性,支出也是可以在税前扣除的。

【例7-4】G公司为建筑安装企业增值税一般纳税人(纳税信用等级为A级),2018年从一般纳税人B公司购买灯具,G公司以银行转账方式支付并取得专票进行认证抵扣,并将不含税价在成本费用中列支。2019年6月,G公司收到主管税务机关通知,B公司于2019年初被认定为走逃(失联)企业,G公司2018年从B公司取得的专票被认定为异常增值税扣税凭证,要求G公司将已抵扣税额做进项税额转出,并补缴增值税,灯具成本不得在企业所得税税前扣除,应调整2018年企业所得税申报表并补缴税款,以上补缴的税款应按规定加收滞纳金。G公司接到通知后5日内向主管税务机关提出审核申请,证明其业务真实性,说明进项税额抵扣与支出税前扣除合理,认为不应补缴增值税、企业所得税和滞纳金。试分析G公司是否需要补缴税款和滞纳金。

由于B公司走逃,其开出的专票为异常增值税凭证。G公司为纳税信用A级纳税人,且提出核实申请的时限(5日内)符合要求。因此,经税务机关核实,符合现行增值税进项税额抵扣、出口退税或消费税抵扣相关规定的,可不做进项税额转出、追回已退税款、冲减当期允许抵扣的消费税税款等处理。

G公司可以提供以下资料证明其将灯具成本在企业所得税税前扣除的做法符合税法规定。(1)无法补开、换开发票或其他外部凭证原因的证明资料（包括工商注销、机构撤销、列入非正常经营户、破产公告等证明资料）。(2)相关业务活动的合同或者协议。(3)采用非现金方式支付的付款凭证。(4)货物运输的证明资料。(5)货物入库、出库内部凭证。(6)企业会计核算记录及其他资料。

第四节 电子发票

在"互联网+"技术快速发展的背景下,我国税收征管工作开展面临着极大的应用挑战,而传统纸质发票管理工作已无法有效满足当下商业环境的变化趋势。电子发票的出现,打破了纸质发票作为会计记账凭证的传统发票管理模式,是推动我国税收现代化建设的重要保证。2015年,国家税务总局明确发文规定电子发票可作为企业报销凭证,电子发票与纸质发票所具备的法律效力同等。

电子发票是通过网络电子信息平台使用的发票,其获取和使用更加便捷,提升了会计人员的工作效率和质量。与纸质发票相比,电子发票除了具备支付、审核、报销等功能外,还可以直接在线支付、检验、开票以及入账,提供了更加快捷、便利的交易方式。随着信息技术的快速发展,电子发票已经应用于社会生活的各个领域,同时也为会计业务处理工作提供了全新的思维模式、业务模式、服务理念和管理方式。

增值税电子普票的申领和开具要求如下。

（1）增值税电子普票的申领。自2020年1月起，纳税人可以通过增值税电子发票公共服务平台开具增值税电子普票，也可由第三方建设提供服务平台。对于增值税电子普票，企业可根据业务情况选择税控装置。例如，电子商务企业等用票量大的企业可选用服务器版税控开票系统；用票量小的企业可使用单机版税控开票系统。税务机关会将赋予纳税人的发票号段通过后台的征管系统同步至增值税电子发票系统。

（2）增值税电子普票开具。2020年1月起纳税人通过增值税电子发票公共服务平台开具的增值税电子普票生成电子发票的版式文件；增值税电子发票系统不支持作废操作，发生退货、电子发票开具有误等情况，开票人应通过开具红字发票进行冲减；增值税电子普票的开票方和接受发票方需要纸质发票的，可以自行打印增值税电子普票的版式文件，其法律效力、基本用途、基本使用规定等与税务机关监制的普票相同。

我国自2020年9月开始在试点地区的新办纳税人中试行增值税电子专票。2021年1月21日起，新办纳税人实行增值税专用发票电子化，自此我们迎来了增值税发票全面电子化的时代。电子专票由各省税务局监制，采用电子签名代替发票专用章，属于专票，其法律效力、基本用途、基本使用规定等与增值税纸质专票相同。

我们按照增值税电子专票的领用、开具、交付、归档以及最后的查验进行讲解。（1）领用。税务机关按照电子专票和纸质专票的合计数，为纳税人核定专票领用数量，电子专票和纸质专票的最高开票限额应当相同。纳税人开具专票时，既可以开具电子专票，也可以开具纸质专票。（2）开具。与纸质发票相同。（3）交付方式。纳税人开票完成后，可以通过电子邮件、二维码等方式,远程交付电子专票给受票方。(4)归档。纳税人可以按规定以电子发票(含电子专票和电子普票)报销入账归档。如果符合电子账簿条件的,应当将电子专票与其他电子会计记账凭证等一起归档保存,电子专票不再需要打印和保存纸质件。如果不满足电子账簿条件,单位采用电子专票纸质打印件进行报销、入账的,电子专票应当与其纸质打印件一并交由会计档案人员保存。电子专票的来源合法、真实,可以作为电子会计凭证,与纸质会计凭证具有同等的法律效力,且可作为电子档案进行保存归档;电子专票的纸质打印件不能单独作为报销入账归档依据使用;各单位无论采用何种报销、入账方式,只要接收的是电子专票,则必须归档保存电子专票。(5)查验。查验增值税电子专票的真伪有两种方法,第一种方法,单位和个人可以登录全国增值税发票查验平台,通过录入发票代码、发票号码、开票日期、发票校验码等字段,对电子专票信息进行查验;第二种方法,可以通过全国增值税发票查验平台下载增值税电子发票版式文件阅读器,查阅电子专票并验证电子签名和电子发票监制章有效性。发票全面电子化后,税务机关的数据加工能力更加智能化,同样对企业票据管理也更加严格。

第五节

法律责任

违反发票管理的规定，有下列情形之一的，由税务机关责令改正，并处1万元以下的罚款；有违法所得的予以没收：（1）应当开具而未开具发票，或者未按照规定的时限、顺序、栏目、全部联次一次性开具发票，或者未加盖发票专用章的；（2）使用税控装置开具发票，未按期向主管税务机关报送开具发票的数据的；（3）使用非税控电子器具开具发票，未将非税控电子器具体使用的软件程序说明资料报主管税务机关备案，或者未按照规定保存、报送开具发票的数据的；（4）拆本使用发票的；（5）扩大发票使用范围的；（6）以其他凭证代替发票使用的；（7）跨规定区域开具发票的；（8）未按照规定缴销发票的；（9）未按照规定存放和保管发票的。

跨区域使用携带、邮寄、运输空白发票，以及携带、邮寄或者运输空白发票出入境的，由税务机关责令改正，并处1万元以下的罚款；情节严重的，处1万元以上3万元以下的罚款；有违法所得的予以没收。丢失发票或者擅自损毁发票的，依照上述规定处罚。

违反规定虚开发票的,由税务机关没收违法所得;虚开金额在1万元以下的,处5万元以下的罚款;虚开金额超过1万元的,处5万元以上50万元以下的罚款;实施了虚开增值税专用发票或者虚开用于骗取出口退税、抵扣税款的其他发票,虚开的税款数额在5万元以上的行为构成犯罪,虚开的税款数额巨大或者有其他特别严重情节的,处10年以上有期徒刑或者无期徒刑,并处5万元以上50万元以下罚金或者没收财产。

私自印制、伪造、变造发票,非法制造发票防伪专用品,伪造发票监制章的,由税务机关没收违法所得,没收、销毁作案工具和非法物品,并处1万元以上5万元以下的罚款;情节严重的,处5万元以上50万元以下的罚款;对印制发票的企业,吊销发票准印证;行为人违反增值税专用发票管理规定,伪造增值税专用发票,或者明知自己所持有的是伪造的增值税专用发票,而仍然出售,数量在25份以上或者票面额累计在10万元以上的行为构成犯罪,具体分以下两种情况进行处理。

一是数量较大或者有其他严重情节的,处3年以上10年以下有期徒刑,并处5万元以上50万元以下罚金。伪造或者出售伪造的增值税专用发票100份以上或者票面额累计50万元以上的,属于"数量较大";具有下列情形之一的,属于"有其他严重情节":(1)违法所得数额在1万元以上的,(2)伪造并出售伪造的增值税专用发票60份以上或者票面额累计30万元以上的,(3)造成严重后果或者具有其他严重情节的。

二是数量巨大或者有其他特别严重情节的,处10年以上有期徒刑或者无期徒刑,并处5万元以上50万元以下罚金或者没收财产。伪造或者出售伪造的增值税专用发票500份以上或者票面额累计250万元以上的,属于"数量巨大";具有下列情形之一的,属于"有其他特别严重情节":(1)违法所得数额在5万元以上的,(2)伪造并出售伪造的增值税专用发票300份以上或者票面额累计200万元以上的,(3)伪造或者出售伪造的增值税专用发票接近"数量巨大"并有其他严重情节的。伪造并出售伪造的增值税专用发票1 000份以上或者票面额累计1 000万元以上的,属于"伪造并出售伪造的增值税专用发票数量特别巨大"。

有下列情形之一的,由税务机关处1万元以上5万元以下的罚款;情节严重的,处5万元以上50万元以下的罚款;有违法所得的予以没收:(1)转借、转让、介绍他人转让发票、发票监制章和发票防伪专用品的;(2)知道或者应当知道是私自印制、伪造、变造、非法取得或者废止的发票而受让、开具、存放、携带、邮寄、运输的。

发票违章处理其他相关规定:(1)对违反发票管理规定2次以上或者情节严重的单位和个人,税务机关可以在办税场所或者广播、电视、报纸、期刊、网络等新闻媒体上公告纳税人发票违法的情况;(2)违反发票管理法规,导致其他单位或者个人未缴、少缴或者骗取税款的,由税务机关没收违法所得,并处未缴、少缴或者骗取的税款1倍以下的罚款;(3)对违反发票管理法规情节严重构成犯罪的,税务机关应当依法移送司法机关处理;(4)当事人对税务机关的处罚决定不服的,可以依法申请行政复议或者向人民法院提起行政诉讼。